장수혁명시대의

高_고齡_령者_자 文_문化_화

장수혁명시대의 고령자 문화

초판 1쇄 인쇄 2006년 3월 15일
초판 1쇄 발행 2006년 3월 25일

지은이 정윤무
펴낸이 조철선
펴낸곳 (주)아인앤컴퍼니
등록번호 제22-2451호
주소 서울특별시 서초구 양재2동 275-1 삼호물산 A동 1816호
전화 02-589-0130
팩스 02-589-0131
E-mail books@einandcompany.com

인쇄 · 제본 (주)아트정글
ISBN 89-91042-15-5 03330

값 10,000원

아인북스는 (주)아인앤컴퍼니의 출판 브랜드입니다.

장수혁명시대의

高齡者 文化
고령자 문화

정윤무 지음

노후에 대한 심리적 적응에서
인간관계, 건강, 여가활동에 이르기까지
행복한 제2의 인생을 위한 지침서

아인북스
지혜로움 자유

제2장. 고령화와 건강수명 78

제5장. 고령자 문화 육성의 보금자리
- 사례연구 212

책을 내면서

　사람의 평균수명이 길어졌다. 우리나라도 고령화 사회(高齡化 社會)에 진입했으며, 머지않아 세계에서 가장 빠른 속도로 이른바 고령사회(高齡社會)로 진입할 것이라고 한다.

　장수는 인류의 오랜 꿈이며, 그것이 현실화되고 있는 것이 현대사회이다. 반세기 전까지만 해도 '인생 50년'이라고 했지만, 불과 50년 정도 지난 오늘날 '인생 80년'의 시대에 돌입하고 있다. 다만 너무나 급격한 수명의 연장으로, 정치, 경제, 사회는 물론 의학까지도 이 현실을 따라 갈 수 없게 되었다.

　그 결과 긴 인생을 어떻게 살아야 하는지 당황하지 않을 수 없게 되었고, 따라서 많은 사람들이 '60세 이후의 인생을 어떻게 살아야 할지 모르겠다'고 느끼는 것이 무리가 아니다.

　장수가 실현되는 데 따른 새로운 문제 내지 과제(課題)가 우리들에게 부과되고 있는 것이다. 그것은 우선 우리들의 삶의 방식에 관한 것이며, 다음으로 사람들을 지탱해 나가는 사회시스템에 관한 것이다. 바꿔 말하면 장수사회에서는 이전까지의 고령자의 삶의 방식은 통용될 수 없으며, 사회도 종전과 같은 방식으로는 고령사회에 대응할 수가 없다. 인생 80년의 시대에는 인생 50년의 시대에 만들어진 제도는 쓸모없어질 수밖에 없다.

정년 후에 20년 이상을 살아야 한다면 그것은 인생 50년의 시대와 달리 여생(餘生)이 아니고 딩딩한 '제2의 인생'이다. 이 제2의 인생은 그때까지의 일의 고통에서 해방되어 만족감과 행복감에 넘쳐 살 수 있는 황금(黃金)의 인생이 되어야 한다.

그러기 위해서는 충실한 인생, 보람 있는 인생을 보낼 수 있도록 스스로가 자각하여 노력하지 않으면 안 된다. 하는 일 없이 빈둥거리며 인생을 보내거나 치매나 와상(臥床)상태가 되어버린다면, 자신도 주변도 불행해지며 오래 산다는 것은 비극이 되어버리고 만다. 스스로의 힘으로 활발한 인생을 개척해 나가야 한다는 마음가짐을 지니는 것이 무엇보다도 중요하다.

오늘날, 인간의 많은 능력과 기능이 죽음 직전까지 상당히 좋은 상태로 유지되며 인격도 평생 발달한다는 것이 사실로 밝혀지고 있다. 수명이 연장된다는 것은 능력이 약화되고 저하된 채로 살아야 하는 기간(期間)이 아니라 왕성한 지혜가 발달하는 기간이 연장되고 있다는 것을 의미한다.

이러한 생각에서 이 책에서는 고령기의 적극적인 측면인 '인생의 숙달자(熟達者)’ ‘완성기(完成期)를 사는 사람’이라는 관점을 중시(重視)하며, 주권자인 시민으로서, 다른 세대와 더불어 사는 생활자로서 고령자의 새롭고 바람직한 문화의 형성을 제안할 것이다.

무엇보다 고령자는 사회생활의 현역(現役)이어야 한다. 그것이 원리(原理)이며, 권리(權利)이다. 또한 고령자는 사회 전체의 발전에 더욱 활용(活用)되어야 하며, 사회 전체적으로 그 방법을 모색할 필요가 있다. 고령자들의 사회 · 문화 · 경제 분야에 대한 전반적 참여 방법이 개발되지 않으면 현대사회는 머지않아 제 기능을 다하지 못할 우려가 있기 때문이다.

이런 생각에서 이 책에서는 고령자를 둘러싼 당면과제 중에서 생활 문화적 측면을 주로 검토하고자 한다. 고령자 문제에 관한 서적들(주로 일본의 신간 서적, 참고문헌 참조)을 여러 권 참고했다. 고령자 사회에 대한 앞선 연구를 소개하고 우리나라 현장에서 느낀 문제를 덧붙여 고민하고 공부할 계기를 만들고자 했다.

사회복지 전공자도, 노인문제 전문가도 아닌 사람이 이런 책을 출간하게 된 동기는 봉사활동으로 고령자 평생교육의 일선에서 일하게 되면서 교재가 필요했기 때문이다.

이 책의 구성은 1장에는 〈실버타임스〉에 연재되고 있는 ‘21세기 노후생활’에 기고한 글을 모았고, 2장은 복지문화 세미나의 교재를 정리한 것이며, 3장은 고령자의 심리에 관한 기초이론을 다루었고, 4장에서는 제2의 인생을 풍요롭게 살기 위하여 필요한 것이 무엇인지 함께 생각해보고픈 내용을 소개했다. 끝으로 5장에서는 사례연구로 일산노인종합복지관 부설 호수문화대학교를 중심으로 고령자 평생교육의 현장을 소개했다.

이 책을 출간하기까지 많은 사람의 도움을 받았다. 일산종합복지관의 김학석 복지부장을 비롯한 많은 사회복지사들의 성원과 원고 정리에 애쓴 동국대학교 임병연 박사의 노고에 고마움을 전하고, 출판을 맡아준 강동환 사장에게 감사드린다.

2006년 3월
일산 복지문화연구원에서
정 윤 무

제1장

고령자 문화의 이해

I. 고령자 문화의 이해 (I)*

1) 고령화 사회로의 급격한 이전

21세기는 소자고령화(少子高齡化)가 급속히 진전될 것으로 많은 사람들이 예측하고 있다. 특히 우리나라는 고령화 사회가 급속히 진행되어 그 충격이 크지 않을 수 없다. 선진국들이 이른바 '고령화 사회'에서 '고령사회'로 이행하는 데 소요된 햇수는 프랑스 115년, 스웨덴 82년, 미국 69년, 캐나다 68년, 이탈리아 59년 등이다. 그에 반해 우리나라는 2000년에 고령화 사회로 진입했으며 2019년에는 고령사회가 될 것으로 예상하고 있으니, 그 기간이 약 19년에 불과하다. 고령화의 진행속도가 세계에서 그 유례를 찾아볼 수 없이 빨랐던 일본의 24년보다 더 빠른 기록이다.

---

* 〈실버타임스〉 2004년 7월 1일 자(제34호)

일찍이 국제 고령자의 해(1999년)에 코피 아난 UN 사무총장은 고령화 및 고령사회는 단지 인구구조가 변했다는 것만을 의미하는 것이 아니라, 경제·사회·문화·심리·정신세계의 변혁을 의미한다고 했다. 즉, 기본적인 사회변화만이 이루어지는 것이 아니라 새로운 문화로 진입하게 되는 것임을 지적했다.

고령화는 개인생활, 기업활동에 커다란 영향을 미치고 있다. 개인이나 기업 모두에게 고령화에 대한 여러 가지 대응이 요구된다. 그래서 고령화는 이따금 '문젯거리'로 취급되어 경제사회의 장래에 암운(暗雲)을 던지는 것으로 여겨진다.

그러나 그런 견해는 잘못된 것이다. 풍요로운 삶을 영위하는 선진국들은 모두가 고령화되고 있다. 따라서 한국이 고령화를 경험하고 있다는 것은 풍요한 사회를 실현하고 있다는 증거이며 결과라고 볼 수 있다. 그러므로 고령화는 성공의 지표이며 기뻐해야 할 성과이다.

2) 가치관의 급격한 변화

고령화 문제는 고령화 그 자체가 문제가 아니다. 고령화로 인해 곤란해질 수 있는 경제, 사회의 짜임새가 문제다.

특히 생활의 변화보다 우리를 더욱 당혹하게 하는 것은 가치관의 격변일 것이다. 그 대표적인 것이 '가정'의 이미지의 변화일 것이다. 지금의 고령자들이 생각해온 노후의 가족형태는 자식 및 손자 손녀들과 함께 사는 것일 것이다. 그러나 최근에는 핵가족이 늘어 자식 및 손자들과 함께 살고 싶어도 살 수 없는 고령자들이 늘어나고 있다. 고령자들이 당연한 것으로 생각해왔던 가족과는 전혀 다른 가족이 다가온 것이다.

또한 가족주의 교육에서 개인주의 교육으로의 전환은 가정에 있어서 여러 가지 모순이나 갈등을 낳게 되었다. 구미(歐美)에서는 일찍이 개인주의 사고방식이 기틀이 된 핵가족화가 진행되어왔다. 그러나 우리나라는 근년에 이르러 가족관과 가치관이 급속히 변하기 시작했고, 그런 급격한 변화에 대응하지 못해 여러 가지 문제와 병폐가 나타나고 있다.

3) 미지(未知)에의 도전

한국의 고령화는 너무나 빠르게 진행되었기 때문에 구미에 비해 좀더 복잡한 문제를 지니고 있다. 우선 고령화에 대해 사회적으로나 개인적으로 준비가 되어 있지 않았다. 예컨대 개인의 생활이나 가치관이 긴 시간에 걸쳐 변화되었다면 저항이 적었을 것이다. 그러나 모든 변화가 너무나 급격했기 때문에 모순이 많을 수밖에 없다.

앞으로 다가올 본격적인 고령사회는 세계 어느 나라에서도 미지의 영역이다. 이만큼 고령인구 비율이 높은 시대는 어느 나라도 아직 경험한 적이 없으며, 더구나 우리나라는 너무나 급속한 고령화를 경험하고 있기 때문에 미지의 정도는 더욱 높을 것이다. 그와 같은 사실이 고령화에 대한 대응을 더욱 어렵게 하고 있다는 것은 부정할 수 없다.

좋은 의미에서 본보기가 되거나 나쁜 의미에서 반면교사로 활용힐 수 있는 실레도 없다. 인구예측 등 입수 가능한 데이터와 경제이론 등 이용 가능한 모든 논리체계를 통하여 변화에 필요한 대응책을 강구해 나가야 할 것이다.

4) 고령화 시대와 자기실현

우리는 유례없이 격변하는 고령화 사회에 살고 있기 때문에 역사 속에서 삶의 방식에 대한 모범을 찾을 수는 없다. 따라서 각자가 스스로의 힘으로 삶의 방식을 모색해야 한다. 그러기 위해서는 선배들의 사는 모습을 관찰하고 주변 사람들과 정보를 교환하면서 사회제도를 잘 활용해야 한다. 때로는 사회에 자기들의 생각이나 요구를 호소하는 등 목소리를 내고 행동을 하는 것도 필요할 것이다. 살기 좋은 사회를 스스로의 손으로 이루려는 의욕적인 패기를 지닐 필요가 있는 것이다.

오늘날 건강한 고령자들이 삶의 보람을 찾기 위하여 활발히 활동하는 것은 참으로 바람직한 일이다. 그런 활동은 취미나 레크리에이션과 같은 놀이의 영역뿐만 아니라 평생학습의 영역에서도 꽃을 피우고 있다. 의무적으로 무언가를 해야 할 시간이 적어진 고령세대는 자기실현을 위해 매진할 수 있게 되었고, 그런 자세가 또한 요구되고 있다.

2. 고령자 문화의 이해 (2) *

1) 고령화의 사회 문화적 측면

어떤 사회에도 고령자에 해당하는 사람은 있으며 고령자라는 범주는 있게 마련이다. 그러나 누가 고령자인가를 정확히 규정하고 있는 사회는 드물다. 고령자는 극히 근대적·서구적인 개념이다. 많은 사회에서 '고령자'는 그 기능이나 지위, 역할 등에 의해 규정되고 있다.

100년 정도 전부터 서구를 중심으로 여러 가지 권리·의무 관계가 호적연령에 의해 규정되기 시작했다. 특히 다민족사회(多民族社會)인 미국에서는 하나의 문화적 기준을 전 인구에 적용할 수 없기 때문에 호적연령에 의존하지 않을 수 없는 상황이다. 1935년의 미국 사회보장법에서 공적연금제도를 만들

---

* 보론

때 65세를 척도(尺度)로 사용하기 시작했고, 그 후 많은 사회에서 65세를 고령자로 구분하는 연령기준을 채택하게 되었다.

그런데 인구의 고령화가 진전된 20세기 말부터 일본이나 한국에서 고령자의 증가가 '사회문제화'되어가는 가운데, 고령자 문화가 부정되며 고령자가 사회구성원으로서 바람직하지 않은 연령집단인 것 같은 취급을 받게 되었다.

2) 고령 미망인의 문화

어느 사회에서건 고령이 될수록 미망인이 많아진다. 그 이유를 살펴보면 다음과 같다. 첫째, 여성이 남성보다 장수한다. 둘째, 남성은 자신보다 젊은 여성과 결혼하는 경향이 강하다. 셋째, 남성은 배우자 사망 후 재혼하는 비율이 높은 데 비해 여성은 재혼률이 낮다. 이러한 다수의 고령 미망인을 어떻게 처우하느냐 하는 것이 커다란 사회문제가 되고 있다.

지금까지 고령 여성 대부분은 남편의 부양가족으로 존재해왔으며, 취업에 의한 경제적 자립이 어려웠다. 나아가 평균 결혼연령과 평균여명(平均餘命)의 남녀 차로 인해 여성에게는 평균 8년의 미망인 기간이 라이프사이클 상에 예정되어 있다. 자연히 보살핌이 필요한 와상 고령자와 치매성 고령자 비율도 여성이 높다.

많은 여성이 남편보다 오래 살아남는 것이 사실임에도 불구하고, 고령의 미망인에 대한 연구가 적은 것이 현실이다. 이는 남성 중심의 성차별적 사고에서 온 현상일 것이다. 노년기 이전의 직장·가정생활 및 지역생활에서 성차별 없는 남녀 공생이 이루어져야 한다. 성역할의 유동화(流動化)가 진행되는 노년기에 성역할 규범에서 자유로워져야 생활에 잘 적응할 수 있기 때문이다.

3) 노후 적응을 위한 문화적 조건

나이가 들면서 사회관계로부터의 이탈(離脫), 자녀들의 독립, 직업생활에서의 은퇴, 수입의 감소, 배우자의 죽음, 심신의 쇠퇴 등을 빨리 받아들여 노후생활에 잘 적응하기 위해서는 그 나름의 작업이 필요하며, 그 내용은 문화에 따라 다르다. 지난날 특히 농촌사회에서 볼 수 있던 은거(隱居)하는 관행은 다음 세대에 책임을 이양하여 자발적으로 생활영역(生活領域)을 축소시킨다는 적응을 위한 작업이었던 것이다.

미국의 노년학자 클라크(Clark)는 노후생활의 적응(適應)·부적응(不適應)의 차이를 미국문화의 가치구조(價値構造)와 관련하여 분석한 후, 청·장년시대의 가치나 인생목표를 노후에도 지키려고 하는 사람들에게 부적응현상(不適應現象)이 일어나게 된다고 결론지었다.

즉, 미국과 같은 고도산업사회(高度産業社會)에서는 가치지향(價値志向)이 생산·노동·젊음 등에 있기 때문에 고령자가 노후생활에 잘 적응하기 위해서는 인생의 목표를 낮추어 행동범위(行動範圍)를 좁혀가야 한다. 즉, 육체적·정신적 쇠퇴를 인정하고 일이나 책임의 양을 줄이는 등의 작업이 필요하다.

모든 문화권에서는 구성원들에 대해 연령단계와 성별에 따라 알맞은 행동방식이나 사고방식이 준비되어 있어서, 소년·청년·중년·노년으로 나이를 먹어감에 따라 그 연령에 알맞은 행동양식을 취하게 된다. 그것이 문화적 노화다.

예컨대 우리나라 여성은 나이를 먹어감에 따라 복장이 수수해지고 짙은 치장을 삼가는 경향이 있다. 하지만 미국에서는 역으로 60대, 70대가 됨에 따라 화려한 복장을 하며 짙은 화장을 한다. 또한 백발이나 얼굴의 주름살이 노화에 의한 쇠퇴를 의미하는 문화가 있는가 하면, 그런 신체적 변화가 깊은 지식과 경험의 상징으로 여겨지며 존경의 대상이 되는 문화도 있다.

특히 우리나라는 '나이에 걸맞은 것'을 강조하는 문화이기 때문에 의복이나 말씨, 태도 등에 의해 그 사람의 연령을 거의 정확하게 추정할 수 있다. 이러한 노화의 문화적 측면에 대한 연구는 거의 이루어지지 않았지만, 사람의 노화과정은 문화적으로 프로그램화되고 있다고 말할 수 있다.

고령자의 심신의 변화를 지식으로써 이해한다는 것이 어려운 일은 아니다. 그러나 고령자와의 일상생활 속에서 고령자의 심신의 변화에 대응하여 적절한 접촉을 계속하여 수행한다는 것은 결코 쉬운 일이 아니다. 고령자 자신을 포함하여 노화의 과정이나 노화에 따른 심신의 변화를 이해하기 위한 기회가 지금까지는 너무 적었다. 그래서 노화를 제대로 수용(受容)할 수가 없었고, 이울러 고령자 문화의 이해도 어려웠다. 앞으로는 나이를 더 먹는 데 따른 심신의 변화나 사회적 역할의 변화에 대한 학습이 필요한 시대가 되고 있다.

3. 노후를 빛나게 사는 지혜*

1) 일, 학습, 취미, 봉사

노후를 충실한 '제2의 인생'으로 보내기 위해서는 무엇보다 생활의 목표를 갖고 적극적으로 살 수 있어야 한다. 그것은 자신의 건강에도, 사회적으로도 커다란 의의를 지닌다. 목표를 갖고 적극적으로 산다는 것은 사는 데 보람을 느낀다는 것으로, 매우 중요한 일이다. 노후의 삶에 보람을 가져올 수 있는 것에는 '일' '학습' '취미' '봉사' 등이 있다.

삶의 보람의 첫 번째는 '일'이다. 오늘날의 고령자는 과거에 일하는 것에 최고의 가치를 두었던 사람들이다. 그들에게는 일을 한다는 것 자체가 사는 보람이 된다. 사회로부터 필요한 존재로 인정받는 것은 큰 기쁨이다. 일을 한다는 것은 규칙적인

---

* 〈실버타임스〉 2004년 8월 1일 자(제35호)

생활을 유지하는 것과 직결되며, 또한 머리나 몸의 노화방지에도 도움이 된다.

삶의 보람의 두 번째는 '학습'이다. 새로운 것이나 흥미로운 것을 배우는 일은 커다란 기쁨이며, 결국 사는 보람이 된다. 최근에는 여러 곳에 고령자를 위한 공개강좌나 다양한 교과과정이 개설되고 있으므로 적극적으로 활용할 필요가 있다. 인간은 몇 살이 되어도 배울 수 있고, 배우는 일은 즐겁고 보람된다.

세 번째로 '취미'를 들 수 있다. 지난날 일에서 보람을 찾았던 고령자도 점차 여가를 중요시하게 되었다. 여가를 잘 사용하면 인생이 풍요로워지며 생기가 난다. 여가를 잘 활용하여 취미를 갖고 즐기는 것은 노후의 큰 보람이 된다.

네 번째는 '봉사활동'이다. 최근에 이르러 봉사활동이 여러 곳에서 성행하고 있다. 이러한 봉사활동에의 참가에는 연령제한이 없다. 자신의 의사와 능력으로 할 수 있는 범위 안에서 활동하면 되기 때문에 고령자도 얼마든지 참가할 수 있다.

2) 학습이야말로 빛나게 사는 원동력

이른바 제2의 인생은 학습으로 단련되어야 한다. 근년에 이르러 평생학습의 기회가 엄청나게 확장되고 있다. 그러나 단지 오락을 목적으로 하는 강좌가 적지 않다. 즐기는 것도 필요하겠지만, 학습활동에 집중하여 지적능력을 단련시키면 더욱 의미 있을 것이다. 그러나 노후의 학습활동은 단지 지식을 축적시키기 위한 것만은 아니다. 스스로를 연마(研磨)하고 향상시키는 생활태도를 말한다.

노후의 인생에도 온갖 시련이 도사리고 있게 마련이다. 그것과 싸우면서 자기실현(自己實現)을 지향해나가는 힘을 주는 것이 학습활동이다. 정년 후의 생활이 활기가 없는 것은 일을 대신하는 핵(核)이 없기 때문이다. 물론 새로운 일, 취미생활, 봉사활동도 핵으로 삼을 수 있겠지만, 지적생활의 향상이란 면에서 볼 때 무언가 학습에 몰두하여 그것을 생활의 핵으로 삼는 것이 더 바람직하다.

흔히 노후에 무언가를 시작하려고 하면서 '재능이 없기 때문에' 혹은 '나이를 먹었기 때문에'라고 하는 것은 금구(禁句)다. 인간의 재능은 노력 여하에 따라 언제든 개발될 수 있다. 연령에 관한 낡은 고정관념에 사로잡혀 있으면 스스로가 자신의 가능성을 퇴화시키는 것이다.

정년 후의 활동에서 커다란 업적을 남긴 사람은 적지 않다. 앞으로의 시대는 정년 후에 무엇을 해냈는가에 따라 그 사람의 인생이 평가된다고 해도 과언이 아닐 것이다. 노후의 인생에서 느낄 수 있는 삶의 보람의 태반은 적극적인 학습의 결과가 아닐까?

3) 지적 호기심(知的 好奇心)으로 뇌를 활성화하기

긴 인생을 얼마만큼 충실하게 사느냐 하는 것은 결국 지적 호기심이 강한가 여부에 달려 있다. 지적 호기심이 왕성한 사람은 끊임없이 미지(未知)의 세계에 관심을 갖고 '지(知)의 세계'를 넓히면서 충실한 인생을 보낸다. 그런 사람들은 고령이 되어도 머리가 유연하며 정신적으로 젊다. 지적 호기심이라는 에너지가 두뇌를 활성화시켜 마음의 노화를 방지하고 있기 때문이다.

최근의 연구에 의하면 소위 정보처리(情報處理)의 속도로 대표되는 지적 능력이 쇠퇴하지 않은 고령자일수록 생존율이 높다고 한다. 그것은 젊을 때의 학습이나 학력에 관계없이 나이 먹은 뒤의 지적기능과 관계된다고 한다. 즉 '과거가 어떠했느냐'가 아니라 '나이를 먹어도 머리를 계속적으로 사용했느냐'가 중요하다는 것이다. 이는 운동능력과 같은 것이다. 젊었을 때 운동을 했는가 안 했는가가 중요한 게 아니라, 나이를 먹어서도 운동을 계속하고 있느냐 여부가 수명에 영향을 끼치는 것이다.

나아가 뇌를 사용함으로써 육체가 회복되며, 역(逆)으로 운동을 함으로써 뇌의 노화를 방지한다는 상호작용도 있을 수 있다고 한다. 최근에는 일상생활 속에서 뇌의 노화를 방지하려는 연구가 진행되고 있다. 일상적으로 뇌를 사용함으로써 신경세포의 조직을 강화시키는 것이 훨씬 효과적이라고 한다. 남녀노소를 막론하고 뇌는 단련시킬수록 잘 움직인다는 것은 틀림없는 사실인 것 같다.

4. 제2의 인생을 즐기자*

1) 제2의 인생은 황금 인생

인생 80년의 시대를 맞이하여 정년 후의 제2의 인생에 관한 논의가 활발해지고 있다. '인생은 60부터', '60세는 두 번째의 성인식'이란 말을 내세우며 제2의 인생을 '권리(權利)의 인생'으로 부각시킨다. 즉, 제1의 인생에서는 가족을 부양하며 사회를 위해 일하는 등 의무(義務)와 봉사(奉仕)를 다했지만, 제2의 인생에서는 당당한 권리를 주장하며 황금의 인생에 들어가게 된다는 것이다. 젊어서 열심히 자신의 역할을 다했다면 이제는 자신의 인생을 즐길 수 있는 권리가 있다는 생각이다.

60세 전후가 되면 종전까지의 강제된 인생이 끝나며 온갖 굴레에서 해방된다. 자신의 의지로, 자신의 가치관에 의해, 자기

---

* 〈실버타임스〉 2004년 9월 1일 자(제36호)

가 하고 싶은 대로 모든 것을 선택할 수 있는 기회가 주어진 것이다. 그러므로 여생(餘生)이 아니며 새로운 제2의 인생이라 해야 옳다. 그때까지 할 수 없었던 일에 도전할 수 있는 자기 자신을 위한 '참다운 인생'이 시작된다고도 할 수 있지 않을까?

그러나 '노년은 신이 내린 축복이다'라는 말을 무색케 하는 일이 많이 일어나고 있는 것도 현실이다. 도시의 거리나 취미의 세계, 전파의 세계는 젊은이들에게 점령당하여 제2의 인생을 즐길 장소나 기회가 대단히 적다.

요는 무엇보다도 자기가 하고 싶은 것을 해야 한다. 하고 싶은 것을 하는 것이 제2의 인생의 진수(眞髓)이기 때문이다.

2) 자신의 힘을 믿고 제2의 인생을 개척하자

개인주의가 뿌리 깊은 국가들에서는 '인간이란 혼자서 이 세상을 살다가 혼자서 이 세상을 떠나간다'는 것을 당연하게 생각한다. 사람들은 다른 사람에게 의존하지 않으며 스스로의 힘으로 인생을 개척해가는 것이다. 따라서 고령자가 되어도 혼자 사는 것이 당연시되고 있다.

그러나 한국의 고령자들은 아직 자녀들과 함께, 특히 장남의 가족과 살고 싶어 하는 경우가 많다. 실제로 3대(三代) 동거 가족의 비율이 높다. 어떤 모습으로 사는가는 취향이나 사정에 따라 다르겠지만, 어떤 형태로 살지라도 즐거움이나 행복은 다른 사람으로부터 주어지는 것이 아니다. 즐거움이나 행복은 자기 자신의 생각이나 행동으로 획득해야 한다는 것을 고령자일수록 더욱 명심해야 한다.

이른바 사는 보람이 되는 일도 자기의 힘으로 찾아야 한다. 취미나 일, 학습이나 봉사활동도 자신에게 즐거움이 되는 것을 찾아 적극적으로 인생을 개척해가야 한다. 스스로 그런 마음가짐을 지닐 때 가족이나 친구들도 힘이 되어줄 것이다.

종합복지관을 비롯한 여러 가지 사회시설에는 고령자들의 사는 보람을 찾기 위한 노력을 도와주는 프로그램들이 많이 있다. 그런 곳에 가서 밝고 즐겁게 살 수 있는 원천(源泉)을 찾아내는 것도 좋다.

인간의 많은 능력은 죽음 직전까지도 상당히 좋은 상태로 보존되고 있다는 사실이 밝혀지고 있다. 따라서 인간의 수명이 연장된다는 것은 약화되고 뒤떨어진, 즉 능력이 저하된 기간이 연장되는 것이 아니라 활기 있는 영지(英智)가 발달되는 기간이 연장되는 것이다. 이런 사실에 대한 올바른 이해는 고령자 자신에게 있어 무엇보다 중요하다. 단순한 사회 관습에 불과한 정년을 맞이하여 '이제 사회를 위해 내가 할 수 있는 일은 끝났다. 앞으로는 노화되는 것을 기다릴 뿐이다' 라고 생각하는 사람이 적지 않다. 이러한 인식은 자기 자신에게나 사회에게 있어서 대단히 불행한 일이라 하지 않을 수 없다.

3) 멋을 부리며 소비활동을 즐기자

새빨간 옷을 입고 있는 고령의 여성은 참으로 아름답다. 사실 화려하고 밝은 색의 옷은 오히려 고령자가 입어야 하지 않을까 생각한다.

그러나 한국의 고령자들은 검소하고 어두운 색조의 복장을 많이 하는 경향이 있다. 우리만큼 젊은이는 지나치게 차려입는 데 비해 고령자는 수수한 복장을 하는 나라는 드물 것이다. 외국에서는 젊은이들은 거의 청바지 차림이며 고령자들은 아름답게 성장(盛裝)을 한다. 외국의 고령자들은 병원에 입원하고 있을 때도 멋을 부린다. 서양 사람들의 사고방식은 '젊을 때는 그대로 두어도 아름답지만, 나이를 먹으면 노화현상이 나타나기 때문에 아름답게 장식하지 않으면 매력이 없어진다. 매력적이 아니면 친구를 만들 수가 없다. 그러므로 사회도 어두워진다'는 것이다.

우리의 고령자들도 이제는 아름답게 꾸미려는 태도를 가져야 한다. 동시에 고령자가 멋을 부릴 때 가족이나 주위 사람들이 주책이라고 해서도 안 된다. 매력 있는 자신을 적극적으로 연출하기 위해서는 돈을 쓰며 소비를 즐기는 생활태도도 필요하다. 멋있는 의상을 구입하고 여행을 하는 등 소비활동을 즐기는 것은 제2의 인생을 더욱 빛나게 할 것이다. 자식에게 돈을 남겨줄 생각을 하지 말고 스스로가 원하는 소비를 하는 것은 자식들의 자립정신을 키워주는 동기도 될 수 있을 것이며, 나아가 고령자의 소비 확대는 경제의 활성화에도 도움이 될 것이다.

5. 제2의 신혼기와 황혼 이혼*

1) 부부는 인생의 반려(伴侶) : 그 참뜻

부부를 '인생의 반려'라고 한다. 하지만 인생이 길지 않던 시대에는 부부가 서로를 마주보는 시간이 길지 않았다. 막내가 성인이 될 즈음 남편은 세상을 떠나 남편과 아내 두 사람만의 생활은 거의 없었거나 있다 하더라도 극히 짧은 기간이었다. 남편은 생활비를 마련하는 사람으로서 아버지의 역할을 다하고, 아내는 주부와 어머니의 역할을 다하면 그것으로 인생은 거의 다 끝났던 것이다.

그러나 인생 80년의 시대에 다다른 지금, 자녀 양육이 끝날 무렵부터, 혹은 정년이 가까워질 무렵부터 부부에게는 20~30년이라는 긴 시간이 남게 되었다. 이전까지는 서로 바쁘기 때

* 〈실버타임스〉 2005년 8월 1일 자(제47호)

문에 좀처럼 둘이서 함께 행동하기가 쉽지 않았고, 아이들을 사이에 둔 대화가 대부분이었지만, 이제는 좋든 싫든 두 사람이 마주하게 된 것이다.

정년 후의 남성이 취미생활이나 인간관계가 별로 없는 경우, 행동적인 아내에게 착 달라붙는다는 데서 '비에 젖은 낙엽'이라고 불리기도 한다. 심지어 '부피가 큰 쓰레기' 혹은 '유해폐기물(有害廢棄物)'이라고 야유 섞인 비유를 당하기도 한다.

이런 상황에서 남성들도 점차로 생각을 바꾸지 않을 수 없게 되었다. 이웃나라 일본에서는 남성요리교실이 고령자들로 언제나 만원이라고 한다. 또한 와상(臥床) 상태에 있는 아내를 보살피기 위해 직장을 그만둔다든가, 치매에 걸린 아내를 보살피고 있는 남편들도 많이 볼 수 있다고 한다.

무슨 일이 생겼을 때 그래도 의지할 수 있는 것은 오랫동안 같이 살아온 남편이며 아내이다. 두 사람 사이에는 부부로서 오랜 세월에 걸쳐 축적해온 신뢰나 안도감, 스스럼없음이 있다. 부부는 서로 돕고 의지하며 함께 살아온 인생의 동료인 것이다.

그러한 신뢰관계는 서로 마음을 열고 대화를 나누며 상대를 배려함으로써 구축되는 것이다. 따라서 서로를 돌보면서 지지할 수 있도록 노력하는 것이 대단히 중요하다.

지난날에는 자녀가 태어나면 배우자를 자신의 배우자라기보다는 자녀의 어버이로 인식하는 정도가 너무 강했기 때문에 부부의 반려성을 상실하기 쉬웠다. 자녀들이 함께 살 때는 배우자가 어버이로서의 역할을 하는 데 만족감을 느끼며 살았지만, 자녀들이 결혼하고 분가하고 나면 배우자와의 관계에 적극적인 의미를 부여하기가 힘들어지기 때문에 부부관계가 소원해지거나 갈등으로 인해 고민하는 경우가 늘었다.

2) 고령화 시대의 부부 : 제2의 신혼기

고령화는 가족관계에 여러 가지 변화를 가져왔지만, 가장 커다란 변화는 '부부 두 사람의 긴 노후'라고 할 수 있다. 가족의 생활주기(生活週期; life cycle)에서 신혼기 이후 두 번째로 다시 부부만의 가족관계를 형성해간다는 의미에서 '제2의 신혼기'라고 할 수 있다. 그러나 오랫동안 친자관계를 중심으로 가족생활을 해온 노년기의 부부는 두 사람만의 생활에 당혹감을 느끼지 않을 수 없다.

이 단계의 부부문제의 최대 초점은 부부간에 공통되는 화제가 적고 서로에 대해 관심이 부족하다는 데 있다. '남편은 일, 아내는 가정'이라는 성별 분업적인 고정관념이 공통된 생활영역의 형성을 저해(沮害)하는 것이다.

오랫동안 부부로서 생활해온 타성(惰性)에 빠져서 자칫하면

'이제 와서 새삼스럽게'라는 분위기가 되어버려 대화가 없어
지기 쉽다. 대화를 통해 애정이 교류되는 만큼 가능한 한 많은
대화를 하면서 생활하는 것이 대단히 중요하다.

　젊었을 때처럼 반려성이 희박한 부부관계로는 고령화 시대
에 적응해 나가기가 대단히 어렵다. 부부의 역할분담이 '부친'
도 아니고 '모친'도 아니며 '생활비 버는 사람'도 아니고 '주
부'도 이니다. 긴 노후를 대비하여 '남편'과 '아내'로서, 나아
가 상호 대등한 유대관계로 부부관계를 재정립할 필요가 있다.

3) 증가하는 황혼 이혼 유감

　최근 들어 부부 두 사람만의 생활이 시작되는 노년기의 이혼
인 소위 '황혼 이혼'이 증가하고 있다. 그 배경에는 장기화되
고 있는 인생의 후반을 좀더 잘살아보겠다는 소망이 잠재되어
있지 않나 생각된다.

　우리나라도 20년 이상 함께 산 부부의 이혼율이 20년 전에
비해 4배에 이른다고 한다. 이혼 사유는 여러 가지가 있겠지만,
황혼이혼의 특징은 이혼 청구자의 80% 이상이 아내 쪽이라고
한다. 이는 일본의 경우와 비슷한 것이다.

　옛날 같으면 상대가 마음에 들지 않더라도 30~40년을 함께
살아왔다면 체념하고 말았을 것이다. 그러나 지금은 다르다.

한 가정법원의 조정위원이 고령의 여성에게 "앞으로 얼마 남지 않은 인생이니 참을 수 없는가?"라는 질문을 던지자 "앞으로 얼마 남지 않은 인생이기 때문에 자유롭게 살고 싶다."고 답했다고 한다.

남편들이 이른바 가부장적 의식, 전통적인 성별 역할분담 등 남성 중심의 문화에 길들여져 있는 상황에서 아내가 이혼을 요구하는 것은 어쩌면 당연한 일이 아닐까? 서로의 슬픔이나 괴로움, 기쁨을 전혀 공유하지 못한 채 오랫동안 커뮤니케이션 없이 살아온 부부관계는 무언가 일이 생기면 파탄으로 나아가기 쉬운 것이다.

정년기를 전후하여 부부는 '한 번 더 결혼한다'는 마음가짐으로 다시 태어나야 하지 않을까? 이 시기의 부부 사이에는 감사와 칭찬이 담긴 적극적인 커뮤니케이션이 필요하며, 특히 남편의 자립정신이 요구된다.

공유할 수 있는 생활영역이 거의 없을 뿐만 아니라, 젊은 시절 느꼈던 신선한 매력이나 정열도 기대하기 어려운 노년기의 부부는 참된 의미에서 전인격(全人格)적인 관계로 재구성되어야 한다. 물론 그런 관계가 노년기에 갑자기 이루어지기란 어렵다. 따라서 노후를 대비하는 시기부터 단계적으로 준비할 필요가 있다.

오늘날 가족은 점점 더 '개인화'되어가는 추세이다. 앞으로는 자신의 이익이나 만족과 상대방의 이익이나 만족을 늘 저울질할 것이고, 일방적인 자기희생으로 가족에 봉사하려는 생각은 점점 희박해질 것이다. 따라서 고령화에 따른 여러 가지 문제의 해결을 가족에게만 맡겨둔다는 것은 위험한 일이다. 이 문제에 대해서는 사회적 차원에서의 접근과 해결이 필요하다.

6. 고령화 시대 조부모의 역할[*]

1) 조부모가 집에 없는 시대

오늘날 급속한 고령화의 진전(進展)은 가족형태에 큰 변화를 가져왔다. 특히 핵가족화의 충격은 크다.

지난날 3세대가 동거하는 것이 일반적이었을 때는 노년기의 부모는 장남 부부와 동거하면서 태어나는 자손(子孫), 특히 남아의 경우 대단히 정성 들여 키웠다. 직계가족의 입장에서 손자는 가문을 이을 귀한 존재이기 때문에 손자의 양육에 커다란 관심과 노력을 기울였던 것이다. 조부모, 특히 할머니와 손자의 관계는 무척 가깝고 밀도 높았다. 육아에 있어서 할머니가 아이 엄마와 같은 정도이거나 때로는 엄마 이상으로 중추적인 역할을 했다. 그렇게 가족 속에서 조부모는 자식에게 지혜와

---

* 〈실버타임스〉 2005년 9월 1일 자(제48호)

문화를 전달했다.

그러나 오늘날 성인이 된 자녀들은 부모로부터 분가하여 따로 사는 것이 일반화되어 노부모와 자식이 동거하는 비율은 점점 저하되고 있다. 이와 같은 동향(動向) 속에서 조부모와 손자와의 관계도 크게 변용(變容)되고 있다.

조부모와 손자와의 관계를 결정하는 조건은 무엇보다도 동거(同居)냐, 별거(別居)냐가 커다란 의미를 지닌다. 손자 세대의 고령자에 대한 인식에는 조부모와의 동거 경험이 크게 작용하여 조부모와 동거 경험이 있는 손자 쪽이 노년기를 올바르게 이해하고 있다고 조사된 반면, 손자와의 관계는 별거하고 있는 경우가 더 양호하다는 조사 결과도 있다.

조부모와 손자의 관계에는 손자의 연령도 큰 요인이며, 손자의 조부모에 대한 평가에는 1세대와 3세대를 매개하는 부모 세대가 중요한 역할을 한다. 어머니나 아버지의 생각이 손자에게 반영되어 조부모에 대한 손자의 태도에 크게 영향을 끼치며, 그것은 손자의 연령이 낮을수록 더욱 크다고 한다.

2) 조부모의 위상(位相) 변화

이른바 핵가족화 경향은 지역차(地域差), 계층차(階層差) 등은 있지만 사회 전반적으로 진행되고 있다. 핵가족화는 가족

내 세대간의 자연스러운 교류의 가능성을 저하시켜 여러 가지 문제를 초래한다.

조부모는 가족을 뒷받침하여 유대를 지켜나가면서 양친의 대리인이요 문화의 관리인으로서 손자의 인식 발달에 중요한 영향을 끼치며, 손자의 청년기에는 양친과의 중개역할을 수행한다. 특히 손자 세대에게는 고령자에 대한 이미지 형성의 모델이 되고 있다고 전문가들은 지적한다.

그러나 최근 들어 기술 혁신이나 사회구조의 변화에 의해 조부모의 생산이나 가사, 육아에 대한 지혜가 제대로 평가받지 못하고 있다. 즉, 현대는 가족 내 고령자가 스스로의 역할을 찾기 어려운 시대라고 할 수 있다. 나아가 이웃이나 지역사회와의 연결도 약화되어 오늘날의 고령자는 지역사회나 가정에서 고립되기 쉽다. 결국, 그렇게 가정이나 지역사회에서의 윤활유의 역할이나 손자들에 대한 인성교육 담당자로서의 역할이 감소된 것이 지역사회나 가정 내에서 문제를 발생시키는 주요한 '방아쇠'가 되고 있는 것은 아닐까.

오늘날 손자 세대와 조부모 세대는 교류의 기회가 감소되어 그 결과로 상호 불신이나 마음의 단절(斷絶)의 결과가 초래되었다. 다른 세대나 일반 사회가 품는 고령자에 대한 여러 가지 부정적 풍조에 따라 고령자 측에서도 부정적인 태도를 갖게 되었다. 자식에게 재산을 남기지 않는다거나 자식들과 동거하려하지 않는다거나, 노후의 부양을 기대하지 않는 등의 경향을 예로 들 수 있다.

특히 손자와 적극적인 관계를 형성하려는 고령자는 점점 감소하고 있다. 오히려 고령화 사회라는 새로운 상황(狀況) 속에서 고령자는 자신들의 새로운 생활스타일의 모색(摸索)을 더욱 중요시하며, 그에 따라 손자에 대해서는 거리를 두려고 하는 태도가 강화되고 있다.

정년퇴직 후의 긴 노후생활을 무위(無爲)하게 지내지 않고 가족이나 지역사회를 위해 과거에 배양한 풍부한 지식이나 경험을 유효하게 살리기 위해서도 세대간 교류의 기회가 학교나 지역사회 속에서 만들어지고 제공되어야 할 필요가 있다.

3) 세대간 교류의 중요성과 그 방안(方案)

고령자의 세대간 교류는 조부모와 손자 세대간의 교류를 일컫는 경우가 많지만, 장수를 반영하여 증조부와 증손 세대의 교류도 생각할 수 있다. 물론 고령자와 그 자녀들, 즉 어버이와 자식 간의 세대교류도 포함된다.

이러한 세대간의 교류는 문화의 전승(傳承)과 생활습관이나 지혜의 계승(繼承)을 가능케 하며 서로 다른 연령층 간의 이해를 촉진하는 반면, 오히려 세대간 가치관의 대립을 초래할 수도 있다. 다만 이 대립은 쌍방이 관계를 계속 유지하는 가운데 상호 이해로 변화할 수 있는 가능성을 지니고 있기도 하다.

조부모가 손자와 스스럼없는 접촉이나 교류가 가능한 미국에서는 조부모와 손자의 관계를 '농담할 수 있는 관계(joking relation)'라고까지 표현한다.

세대간 교류에서 중요한 것은 일상생활 속에서의 자연스러운 교류이다. 노인복지시설을 보육원이나 어린이집과 같은 건물 내에 설치하는 것도 좋은 시도라 할 수 있다. 그러나 손자의 연령이 높아짐에 따라 세대간 교류의 기회는 감소된다. 노인복지시설의 봉사활동 등이 그나마 교류의 기회 중 하나일 것이다. 따라서 여러 가지 행사나 축제에서 노소가 함께 참여하고 즐길 수 있는 프로그램을 개발하는 것도 필요하다. 특히 서로에 대한 이해에 도움을 줄 수 있는 정보를 드라마나 뉴스 같은 TV 프로그램에서 제공하는 것도 세대간 교류의 기회를 넓힐 수 있는 효과적인 방안이 될 수 있을 것이다.

현재의 손자 세대들은 인생의 전반은 증가하는 고령자의 생활을 지탱하는 담당자로서, 후반은 스스로 다수가 되는 고령자층에 속하는 인간으로서 고령화의 진행과 운명을 같이 할 사람들이다. 따라서 그들에게 일찍부터 사람이 '늙는다'는 것이 어떤 것인가를 느끼고 생각하게 하는 것은 현실적으로 커다란 의미를 지니고 있다고 할 수 있지 않을까.

7. 고령자 차별의 극복*

1) 고령자 차별 : 제3의 차별주의(差別主義)

"60이 지나면 능력도, 인격도 언덕을 굴러 내려오는 것 같이 열악(劣惡)해진다."

"고령자의 대다수는 장애인이며, 사회의 지원을 필요로 한다."

이와 같은 고령자에 대한 부정적인 태도나 편견, 스테레오타입(stereotype)적인 견해는 동서양을 막론하고 보편적인 현상으로 볼 수 있다. 고령자가 나이를 많이 먹었다는 이유만으로 온갖 차별대우를 받으며 세상의 편견으로부터 피해를 당하는 것을 '고령자 차별주의(ageism)'라고 하며, 오늘날 인종차별(racism), 성차별(sexism)에 이은 '제3의 이즘(-ism, 차별주의)'이라고 일컬어지고 있다.

---

* 〈실버타임스〉 2005년 10월 1일 자(제49호)

예컨대 미국에서는 나이 많은 흑인 여성의 경우 흑인이기 때문에 당하는 인종차별, 여성이라는 성차별, 나이가 많다는 고령자 차별 등 세 가지 차별의 피해자에 해당된다고 할 수 있다.

연령에 의한 차별은 부정적인 것이든, 긍정적인 것이든 문제가 된다. 긍정적인 고령자 차별주의도 경우에 따라서는 고령자의 자조(自助) 노력의 부족으로 사회를 정체(停滯)시킬 수도 있기 때문이다.

고령이 될수록 건강의 상실, 경제의 상실, 일의 상실, 인간관계의 상실 등 온갖 상실을 경험하기 쉽다. 그 체험이 여러 가지 병적 증상을 가져올 수도 있지만, 그것은 고령자 인구의 일부에 한하며 일과성(一過性)의 증상인 경우가 많다고 한다.

고령자의 부정적인 성격만을 부각(浮刻)시키는 차별주의는 그릇된 이미지에서 오는 오해와 편견에서 형성되는 경우가 많다. 이와 같은 고령자 차별은 특정(特定)한 분야에만 존재하는 것이 아니고, 산학관민(産學官民) 등 모든 분야를 뒤덮고 있다. 안타깝게도, 어른을 공경(恭敬)하는 풍토가 강하다는 우리나라에서 구미보다 고령자 차별이 더 일반적이 되어가고 있다.

2) 고령자 차별주의의 내용

이른바 에이지즘의 구체적 내용을 살펴보면 우선 고령자의 심신(心身)의 능력에 대한 부정적인 견해를 들 수 있다. '일이 느리다, 부정확하다, 비생산적이다'라는 것이며, 더 나아가 고령자의 다수는 병에 걸려 있으며 쇠약하고 와상(臥床) 상태이거나 치매에 걸렸다는 견해다. 그러나 현실적으로는 고령자들 대다수가 건강하며 기억력이나 판단력도 정상적이란 것이 증명되고 있다.

둘째는 머리가 굳어져 진부히고 완고하며 눈물이 많다는 등의 견해다. 그것은 개인적 성향이 크게 작용하는 것으로, 모두에게 해당되는 연령에 의한 심리적 변화라고는 말하기 어렵다.

셋째는 고령자의 다수는 가난하며 경제적으로 곤란을 받고 있다는 견해다. 그러나 세계 최고의 고령사회인 일본의 경우 통계적으로 볼 때 65세 이상의 사람들이 65세 이하의 사람들보다 마음대로 쓸 수 있는 재산을 더 많이 지니고 있다고 한다.

넷째는 언어에 대한 에이지즘이다. 이는 소설이나 노래, TV 프로그램, 광고, 영화 등에서 많이 볼 수 있다.

끝으로 가장 큰 차별이라고 할 수 있는 고령자의 연애나 결혼, 성행위에 대한 편견이나 차별을 들 수 있다. 성적인 욕구나 관심은 고령자와는 관계없는 일이며 노후의 연애나 결혼은 부끄러워해야 할 일이라는 사고방식이 어느 사회에나 만연해 있다. 그러나 남녀의 성애(性愛)나 연애감정은 일생을 통해 지속되는 것이라는 사실이 온갖 연구를 통해 입증되었다. 남녀의 연애나 성적 관계, 결혼은 결코 젊은이들만의 특권이 아니다. 남자와 여자가 서로 사랑하며 이성을 구하는 마음은 일생을 통하여 변하지 않는 것이 아닐까.

3) 차별을 초래하는 요인과 해소법

사람들이 고령자에 대해 편견을 갖고 차별하는 이유는 무엇보다도 고령자의 참된 모습을 알지 못하기 때문이다. 이러한 편견은 핵가족화와 도시화에 의해 젊은 세대와 고령자와의 접촉과 교류가 감소했으며, 정년퇴직이나 은퇴에 의해 고령자들의 활동의 장이 협소해진 데에도 원인이 있다.

따라서 에이지즘 해소를 위해서는 우선 젊은 세대와 고령자들이 될 수 있는 한 많은 교류와 접촉의 장을 가져야 한다. 앞서 말했듯이 고령자를 위한 시설과 어린이집의 병설(倂設)은 하나의 좋은 예가 된다.

두 번째로, TV 등의 미디어를 통해 고령자의 활동상황이나 노년기의 이점(利點)을 주지(周知)시켜야 한다. 고령자들의 원기왕성한 활동 실태 보도 등은 고령자 차별 해소에 도움이 될 것이다.

끝으로, 고령자 대다수는 설사 일의 속도가 늦을지라도 젊은이보다 정확한 경우가 많다는 사실 등, 그 실태를 알려야 한다.

그릇된 이미지가 아니라 실제로 일상생활을 하고 있는 고령자들의 모습을 접하게 하는 것이다. 그리하여 개별성(個別性)이 풍부한 노년기의 생활을 이해하게 하는 것이 중요하다.

인간의 많은 능력은 죽음 직전까지도 상당히 좋은 상태로 유지되고 있다는 것이 밝혀지고 있다. 나아가 오랜 경험에 의해 뒷받침된 지능을 지닌 고령자의 인격은 평생 발달되고 있다는 것도 명백해지고 있다.

고령자에 대한 올바른 이해는 평생학습의 계획을 짜고 있는 행정당국이나 NPO(비영리단체)의 담당자, 특히 장애의 치료를 직접 담당하고 있는 사람들에게 무엇보다도 필수적인 것이다. 고령자에 대한 그릇된 이미지를 고치며 실태를 알려 고령자 차별을 해소시키기 위해서는 올바른 교육의 장이 필요하다. 나이에 따른 심신의 변화와 세대간 교류를 위한 교육, 이른바 '에이징 교육'을 초·중·고의 학교교육, 나아가 사회교육 전반으로 넓혀가는 것이 대단히 중요한 당면 과제다.

고령자의 건강 유지, 경제적 안정, 삶의 보람 획득, 사회관계의 유지라는 환경조건(環境條件)의 개선을 통해 고령자의 행동이나 성격 면에 나타나는 부정적인 특징을 최소화할 수 있을 것이다. 고령자의 개인적인 노력도 중요하지만, 그들을 둘러싼 환경, 특히 다른 세대들의 노력도 불가결(不可缺)의 요소이다.

8. 행복한 노후와 삶의 보람 (1)*

1) 노년기는 상실기(喪失期)인가?

우리 주변에서는 '나이를 먹으면 모든 일에 흥미를 잃고 결국은 삶의 보람이 없는 공허한 시간을 보내게 마련이다'라는 노년관(老年觀)을 흔히 접할 수 있다. 이런 사고방식 아래에는 노년기가 되면 지적(知的)으로나 신체적으로나, 사회활동 면에서나 경제적인 면에서나 일종의 상실기를 맞이하게 된다는 부정적 이미지가 깔려 있다.

그런데 더욱 놀라운 것은 고령자 스스로가 이런 사고방식을 '나누어 지니고 있다'는 점이다. 그런 예는 고령자들이 주변에서 해오는 인사에 대해 보이는 반응에서 쉽게 찾아볼 수 있다. 고령자들은 일상생활 속에서 '젊게 보이십니다', '실제 연세로 보이시지 않습니다' 등 젊음을 강조한 인사를 가장 반가워한다. 이러한 인사에 싫은 얼굴을 할 이유는 없지만, 그런 인사가 최상급의 인사로 받아들여지는 것은 재미있는 현상이다.

이는 고령자의 내면에 '젊음에 대한 동경(憧憬)'이 강하게 자리 잡고 있으며, 동시에 '늙음에 따른 상실에 대한 거부(拒否)나 부정(否定)'을 품고 있다는 것을 단적으로 나타내는 것이리 할 수 있다. 이는 "옛날이 좋았는데…" "내가 젊었을 때는…" 등의 말에서 드러나는 이른바 회고감정(懷古感情)과 공통된 성격을 가진 것으로, 젊음의 가치에 대한 인정과 현재의 늙은 자신에 대한 부정을 내포하고 있는 것이다.

그러나 자신을 부정하면서 우울한 나날을 살아가는 것은 참으로 힘든 일이며, 자기부정의 감정이 강해지면 극히 위험한 감정에 빠지기 쉽다. 생각건대 인간이란 모태(母胎)를 떠날 때부터 수많은 이별, 결별 등 상실체험(喪失體驗)을 거듭하면서 인생을 살아가고, 최후에는 이 세상 모든 것과의 이별을 의미하는 '죽음'을 맞이하는 것이 아닐까 싶다. 실로 인생은 상실체험의 축적(蓄積)인 것이다.

상실의 과정이 자연스러운 삶의 섭리라 할지라도 이러한 상실감이 자기부정감으로 변한다면 살아갈 수 없으므로, 노년기가 될수록 삶의 보람을 적극적으로 찾아야 하는 것이다. 삶의 보람이 있으면 인생을 사는 맛을 느낄 수 있고, 노년기는 '상실기'와는 거리가 먼, 자신의 삶의 의미나 가치를 실감하는 빛나는 시기로 탈바꿈할 수 있기 때문이다.

2) 고령자 문제와 삶의 보람

인간의 삶의 보람 내지는 삶의 기쁨의 원천은 다양하다. 개개인의 능력이나 주어진 조건에 따라 다르며, 여러 가지 단계가 있다. 예컨대 신체가 부자유스러운 사람이나 병에 걸린 사람에게는 단순한 운동, 보는 것, 듣는 것, 이야기하는 것, 먹는 것 등 생물학적인 기본 활동도 커다란 기쁨, 즉 삶의 보람이 될 수 있다. 또한 살기에 급급했던 시대에는 삶의 보람이 무엇인지 생각할 여유조차 없었던 것도 사실이다.

그런데 선진국의 대열에 진입한 오늘날 왜 고령자의 삶의 보람이 큰 문제가 되고 있을까? 그만큼 고령자가 살기 힘든 세상이 되었기 때문이 아닐까? 우리 사회의 고령자들은 이른바 근대화와 경제 우선의 사회풍조 속에서 일하는 것이 전부라는 생활방식을 몸에 지니고 풍요를 추구하며 살아왔던 세대다. 그렇게 앞만 보고 달려왔으나 퇴직 후 일을 빼앗기고 마음과 몸의 힘이 쇠약해진 지금 기나긴 공백(空白)의 시간을 맞이한 것이다. 취미생활이나 놀이, 여가문화와 담을 쌓고 살아왔으므로 제2의 인생을 어떻게 살 것인가에 대해 어찌할 바를 모르고 혼란을 느끼게 된 것이다.

고령자가 찾을 수 있는 삶의 보람은 그들이 살고 있는 사회적 배경이나 상황에 따라 현저히 다르게 마련이다. 현재 우리 사회는 농촌사회의 붕괴, 독거노인의 증가, 가족의 붕괴, 가치관의 급변 등으로 고령자의 삶이 크게 위협받고 있다. 가치관·인생관의 다양화(多樣化)에서 오는 세대간의 갈등도 문제를 일으키고 있다. 젊은이와 노인 간의 심적(心的) 격차(格差)가 커지고, 젊은이를 중심으로 한 소비문화만이 우선시되고 있다. 노인들은 사회의 한쪽 구석으로 밀려나 도심에서 노인을 마주치기도 쉽지 않게 되어버렸다.

이러한 사회변화 속에서 노인은 때로는 우롱의 대상이 되고 소외되어 위기상황에 빠지게 되었다. 그러한 사회적 압력 속에서 일찍이 생각하지 못했던 '당신 삶의 보람은 무엇입니까?'란 문제에 마주치게 된 것이다.

3) 행복한 노후를 위한 마음가짐

인간이 나이를 먹음에 따라 발생하는 신체적·심리적·사회적 변화에 잘 적응하면서 남아 있는 능력을 충분히 활용하여 노후를 바람직하게 살아가는 것을 '행복한 노화(Successful Aging)'라고 한다. 물론 행복의 기준은 개인에 따라 다르며, 정서적(情緒的)·주관적(主觀的) 요소가 크게 작용한다.

사실, 나이 먹은 사람들에 대해서 주변에서 부정적으로 보는 경우가 많지만, 그보다는 본인 스스로가 어떻게 생각하는가, 즉, 자신에 대한 인식이 긍정적(肯定的)이냐 부정적(否定的)이냐에 따라 인격의 변화나 적응상태에 커다란 차이가 생긴다.

이른바 부정적인 자기개념(自己概念)을 지니고 있는 사람은 행동이 소극적이며 인간관계를 갖는 것을 피하고, 의욕 자체가 크게 약하다. 이에 반해 긍정적인 자기개념을 가진 사람은 신체적으로 쇠약해지거나 환경의 변화가 있을지라도 적극적으로 행동하며, 새로운 인간관계를 확립하여 의욕적으로 생활해 나간다.

원래 삶의 보람이란 주관적인 가치를 지니고 있는 것이다. 따라서 주관적인 행복감을 높여 적응하며 살아가기 위해서는 무엇보다도 긍정적인 자기개념을 간직하는 것이 필수적인 요건이다. 그것은 현실을 직시하며 자기의 모든 것을 받아들이는 자기수용(自己受容)과 연결된다.

또한 아무리 나이를 먹어도 그 후의 인생을 뜻 깊게 살고 정신적인 건강을 유지하기 위해서는 인생의 목표를 갖는 것이 중요하다. 또한 남은 인생을 위해 현재까지 그래왔던 것처럼 계속 성장하려는 의지가 필요하다. 다소의 어려움이 닥치더라도 극복하려는 강한 마음가짐이 요구되는 것이다.

삶의 보람이란 개개인의 능력이나 주어진 조건에 따라 천차
만별(千差萬別)이며, 다만 그것을 적극적으로 선택하고 누리는
것이 자신의 몫이라는 것을 명심해야 하지 않을까?

9. 행복한 노후와 삶의 보람 (2) *

1) 삶의 보람이 가진 다의성(多義性)

무릇 삶의 보람을 사람의 인생에 의미나 가치를 부여하는 것으로 본다면, 이는 노소를 막론하고 어느 세대와도 관계되는 문제일 것이다. 하지만 삶의 보람이 핵심적인 문제로 떠오르는 것은 노년기이다. 일반적으로 노년기는 상실기(喪失期)로 간주되기 때문에 행복한 노후생활을 위해서는 삶의 보람의 유무가 무엇보다도 큰 변수가 되며, 삶의 보람을 포기하는 것은 바로 인간실격을 의미하기 때문이다(〈실버타임스〉 제50호 참조).

삶의 보람이라는 용어에 내포된 의미는 다의적이다. 삶의 보람을 의미하는 일본어 '이키가이(生きがい)'는 일본어의 고유한 용어로, 일본에서는 이에 대해 연구와 논의가 활발하게 진

---

* 〈실버타임스〉 2005년 12월 1일 자(제51호)

행되고 있다. 구미에서는 행복한 노화(Successful Aging)와 주관적 행복감(Subjective Well-Being)이라는 용어가 비교적 가까운 뉘앙스를 지니고 있으며, 이는 고령자의 삶의 질(QOL; Quality Of Life)과 직접적으로 관련된 개념이다.

'삶의 보람'은 삶에서 빼놓을 수 없는 중요한 '대상(對象)'을 의미하는 동시에, 그 대상이 존재함으로써 자기 삶에 의미가 있다고 느끼는 '감정' 자체도 내포하고 있다.

우리가 삶의 보람을 느끼는 대상은 문자 그대로 십인십색(十人十色), 매우 다양하다. 어떤 이는 무조건 자기를 따르는 어린 손자에게서 인생의 가치를 느끼며, 어떤 이는 봉사활동에 참여하면서 삶의 의미를 찾는다. 한편 '일이 곧 인생이다'라고 생각할 정도로 일의 성취감에서 보람을 찾는 사람도 있다. 실로 갖가지 취미, 오락, 종교, 여행, 친구 등 다양한 곳에서 보람을 발견한다.

더구나 인간이란 변화하는 존재이므로 인생의 새로운 단계마다 그에 알맞은 새로운 삶의 보람을 찾기도 한다. 결국 노후 생활에 있어서도 스스로가 상실감이나 자기 무용감(無用感)에 직면하여 삶의 의미를 다시 질문한 결과 새로운 삶의 보람이 생길 수도 있는 것이다.

2) 평생학습의 중요성

'삶의 보람'이란 본질적으로 타자에 의해 손쉽게 주어지는 것이 아니며, 100% 본인의 '마음가짐'에 달려 있다는 점을 명심해야 한다. 우선 서구와 우리나라의 여가활동 실태를 비교해 보면, 한국인의 대부분이 휴식이나 기분풀이로 귀중한 자유시간을 낭비하고 있다는 사실을 알 수 있다. 본래 여가는 타율적(他律的)인 것이 아니며 자율적(自律的)인 활동임을 생각해보면, 노년기일수록 적극적인 여가활동을 위한 자기개발이 요구된다.

여기서 평생학습의 필요성이 강조된다. 노년기 학습이 갖는 본질적인 의의(意義)는 무언가를 배우는 과정을 통해 밝고 낙관적인 품성을 유지하며, 자칫하면 쇠퇴하기 쉬운 노년기에도 언제나 긍정적인 자기상(自己像)과 자신감, 그리고 자신은 아직 버려진 것이 아니라는 긍지(矜持)를 품는 데에 있다.

이러한 관점에서 고령자 대학 등에서 실시하고 있는 평생교육 동아리 활동을 살펴보면, 그 속에 삶의 보람과 관련한 많은 중요한 요소들이 포함되어 있는 것을 알 수 있다. 평생 직장생활을 하느라 하고 싶어도 하지 못했던 공부, 예를 들어 어학 공부 등을 다시 시작하는 것은 글로벌 시대의 여생을 멋있게 보내는 데 큰 도움이 될 것이다.

결국 노년기의 평생학습이야말로 자존감(自尊感)의 원천이며, 건강과 젊음을 유지하는 원동력(原動力)이 된다. 따라서 노년기의 학습활동은 단순히 충실히 여가생활을 보낸다는 의미를 넘어서 '살고 있는 보람, 자기가 이 세상에 존재한다는 의의와 가치'라는 본질적인 의미와 맞닿아 있다.

3) 고령자에게 필요한 '마음속의 삶의 보람'

행복한 노후를 위한 삶의 보람을 생각할 때 고려해야 할 점은 삶의 보람의 대상을 상실할 때 발생하는 이른바 의존증(依存症), 특히 애정의존증(愛情依存症)이 큰 문제가 된다는 점이다.

예를 들어 손자를 삶의 보람으로 삼은 고령자를 가정해보자. 사실 지금의 70~80대 고령자는 일제(日帝) 식민지 지배와 한국전쟁의 희생자이며, 죽도록 일하지 않고는 생존이 보장되지 않았던 시대를 살던 사람들이다. 물론 여러 가지 취미를 즐기고, 정년 후에도 하고 싶은 일이 많았던 행운의 70~80대도 있겠지만, 이는 소수에 불과하다. 따라서 무조건 조부모를 따르는 어린 손자를 귀여워하면서 삶의 보람을 찾는 것도 무리가 아닐 것이다. 그러나 손자가 성장해 사춘기에 들어서면 조부모에 대한 무조건적 애정은 소위 공리주의(功利主義)에 밀리게 되고, 씁쓸하지만 조부모는 '손자의 용돈 보급자'의 역할로 물러서면서 삶의 보람을 상실하게 될 수도 있는 것이다.

결국 배우자나 가족 등 어떤 특정한 인물을 삶의 보람의 대상으로 생각하는 경우는 그 대상 자체를 상실할 위험을 언제나 내포하고 있는 것이다. 또한 봉사활동이나 운동 등 몸을 움직이면서 하는 활동에서 보람을 느꼈던 경우에는 병이 들어 거동이 불편해지면 삶의 보람도 함께 상실하게 되는 위험성을 가지고 있다.

삶의 보람을 자신의 외부나 타인에게 의존해서 찾거나 신체의 움직임이 필수적인 활동에서 찾는 것은 필연적으로 상실의 위험과 함께 갈 수밖에 없다. 그렇다면 확고히 무너지지 않는 삶의 보람이라는 것이 과연 있을 수 있을까?

대표적인 예로 생각해볼 수 있는 것이 신앙이다. 종교란 인간을 초월한 존재를 믿음으로써 괴로움이나 불행을 배제하며 안심감과 행복을 느낄 수 있다는 점에서 삶의 보람과 밀접한 관련을 갖는다. 문학이나 음악 같은 추상적인 활동도 심리적인 삶의 보람을 느끼게 하는 분야가 될 수 있을 것이다.

삶의 보람이 삶의 질과 직결되는 고령자일수록 보람의 대상을 마음속에서, 그리고 파괴되거나 빼앗기기 어려운 것에서 찾는 것이 매우 중요하다.

10. 노후 성생활의 이해 *

1) 노년기의 성에 대한 시각

세상에는 '노인은 성욕이 없다', '노인은 성행위가 가능하지 않다'는 사고방식이 여전히 뿌리 깊게 남아 있다. 그러나 이는 고령자의 성에 대한 근거 없는 편견일 뿐이다. 젊은 세대의 시선에는 고령자가 성에 집착하는 것이 역겹거나 추한 것으로 비춰질지 모르지만, 성욕도 식욕과 마찬가지로 인간이 생을 영위하는 방법의 하나이므로, 생명이 있는 한 지속된다. 오히려 성에너지가 활발하다는 것은 생명의 에너지가 활발하다는 의미가 아닐까?

지난 반세기 동안 성의 해방은 급속히 진전됐지만, 고령자의 성에 대해서는 '늙으면 성(性) 역시 곯아버린다', '노인은 성

* 〈실버타임스〉 2006년 1월 1일 자(제52호)

과는 무관한 존재다'라는 고정관념이 지속되고 있다. 젊은이들이 기대하는 '손자와 기쁘게 놀아주는 자애(慈愛)로운 노인상'과 성(性)이 쉽게 양립될 수 없기 때문이다. 또한 성의 목적은 생식이라는 생각에서, 생식의 의무를 다한 고령자는 성을 자제하며 성생활에서 멀어지는 것이 자연스럽다는 생각이 일반적으로 받아들여졌다. 이런 흐름 속에서 고령자 자신의 마음속에도 성에 대한 편견이 자리 잡아 자신의 성적 욕구를 있는 그대로 인정하지 못하고 성욕의 실현을 추구하는 것을 주저하는 경향이 강해졌다.

그러나 이는 성을 성교라는 좁은 개념으로 생각했기 때문에 발생하는 문제들이다. 고령자의 성이 편견에 의해 왜곡(歪曲)되지 않고 제대로 이해되고 받아들여지기 위해서는, 또한 무엇보다도 고령자 자신이 스스로의 성을 좀더 잘 실현할 수 있기 위해서는 성에 대한 종래의 시각이 변해야 한다. 물론 지금보다 훨씬 엄격한 전통적 성도덕 아래 살아온 고령자들 자신이 스스로의 성을 터부시하는 의식도 강하지만, 이보다는 자녀들이 부모나 조부모의 성애를 자연스럽게 받아들이지 못하고 쉽게 거부감을 느낀다는 데 문제가 있다. 노혼(老婚) 등이 가족의 반대에 부딪쳐 실현되지 못하는 경우가 많은 것도 이와 유사한 맥락에서다.

그러나 무릇 남녀의 연애나 성적 관계, 결혼은 젊은 사람들만의 특권이 아니다. 남자와 여자가 서로 사랑하며 이성을 구하는 것은 일생을 통해 변하지 않는 것이다. 결국 고령화 사회를 맞이하여 홀로 사는 중·노년이 증가함에 따라 이들의 결혼이나 재혼 문제가 이슈가 될 수밖에 없다.

2) 성은 건강하게 늙기 위한 묘약

성 에너지가 활발하다는 것은 생명 에너지가 활발하다는 또 다른 증거이다. 따라서 고령자의 부부생활에 있어서 결코 성을 소홀히 해서는 안 된다. 생식기능이 끝난 뒤에도 성생활을 즐기는 것은 인간만의 독특한 행동이며, 노후의 부부간의 유대를 이어가는 데 중요한 요소이다. '남자의 일생은 월급에 지배되며, 여자의 인생은 월경에 지배된다'는 말이 있다. 그러나 폐경이 생식능력의 끝일 수는 있어도 성의 끝은 아니다.

일반적으로 부부관계에 있어서 성은 필수 불가결한 것이다. 이혼의 원인으로 자주 열거되는 '성격 차이'도 의식의 심층에는 '성의 불일치'가 깔려 있는 경우가 많다고 한다. 그런데 성에 대한 관심은 나이를 먹을수록 미묘하게 달라진다. 인간이란 나이를 먹어감에 따라 성적 욕구는 저하되며 성교 빈도도 감소하게 마련이다. 노년기의 부부관계에서 문제가 되는 것은 남녀의 성적 욕구를 그래프로 나타냈을 때 그 곡선이 일치하지 않는다는 점이다. 여성은 50대에 성욕의 현저한 감소를 보이는 반면, 남성은 60대 후반이 되어야 감소하기 시작한다. 이러한 차이는 부부 불화의 중요한 요인이 되며, 따라서 부부간에 현명한 조정이 필요하다.

앞서 말했듯이 과거에는 고령자는 성에서 멀어질수록 고상하고 품위 있다는 편견이 있었다. 그 때문에 고령자가 성생활에 대한 이야기를 꺼내는 것을 이상한 눈으로 보는 경우가 많았다. 그런데 노년기의 성욕은 젊을 때와 달리 정신적 요소가 매우 강하다. 성충동이 기본이 되는 생리적 성욕보다 심리적 성욕의 비중이 높아지는 것이다. 따라서 고령자의 성욕의 배후에는 여러 가지 의미가 잠재되어 있다.

따라서 무엇보다도 고령자의 성 문제를 국소적(局所的)인 성교의 문제로 축소해서 생각해서는 안 된다. 우리 사회에서는 아직도 '성=성교'라는 생각이 지배적이다. 그렇다면 성교가 거의 불가능하게 된 노부부 사이에는 이미 남자와 여자로서의 성적 교섭은 소멸해버리는 것일까? 그럴 리 없다. 성행위 자체는 없어도 스킨십으로 교감을 할 수 있으며, 손을 잡는 것, 포옹하는 것만도 충분히 멋진 성애가 될 수 있다. 거기에 정신적인 유대감이 중첩되면 마음의 안정과 충만한 환희를 느낄 수 있지 않을까?

3) 성숙한 성적 애정표현의 실천

섹스(sex)보다 넓은 개념으로 '섹슈얼리티(sexuality)'란 용어가 있다. "섹스는 양 다리 사이에, 섹슈얼리티는 양 귀 사이에 있다."는 말처럼, 섹스가 성기에 의한 행위를 지칭한다면, 섹슈얼리티는 양 귀 사이에 있는 인간의 대뇌에 관련되는 성을 의미한다. 이는 육체적인 결합이나 접촉뿐 아니라, 정신적인 애정이나 배려, 동정심, 친절함, 혹은 그런 애정에 대한 욕구, 나아가 여성의 성이나 남성의 성에 관한 심리적인 욕구도 포함하는 포괄적인 개념이다. 따라서 성기능이 쇠퇴한 노년기에는 성은 섹스가 아닌 섹슈얼리티의 표현이라는 시각이 대단히 중요하다.

따라서 설사 섹스가 불가능하게 되었어도 그것은 섹슈얼리티의 일부를 포기하는 것에 지나지 않는다. 무릇 생식을 목적으로 하지 않는 성행위에서는 성교가 이루어지는가의 여부는 문제가 되지 않는다. 결국 노년기에는 좀더 성숙한 성생활이 요구된다. 즉, 두 사람의 마음과 신체의 커뮤니케이션으로서 베갯머리 정담(pillow talk)을 나누며 스킨십을 즐기는 등 섹스에 구애되지 않는 성생활을 영위한다면 인생의 끝까지 서로를 따뜻하게 감싸며 살 수 있지 않을까?

성에 대한 폭 넓고 새로운 이해를 위해서는 무엇보다도 고령

자 스스로가 부정적인 고정관념을 버리고 성에 대한 긍정적 자
세를 가질 필요가 있다. 또한 성이란 젊은 층의 전유물이 아니
라는 인식을 사회 전반에 심어야 한다. 고령자들이 이용하는
복지관 같은 곳에서 노후생활에 필요한 성과 관련한 교육을 강
화하고 성에 대한 상담을 할 수 있도록 제도적인 장치를 마련
하는 것도 시급한 당면 과제 중 하나일 것이다.

11. 새로운 죽음의 문화 (1)*

1) 가깝고도 먼 죽음의 존재

우리는 모두 '살아 있는 모든 것은 반드시 죽는다'라는 사실을 알고 있다. 그러나 실제 우리 생활에서 죽음은 일상적인 일이 아니다. 사람들은 자기 자신이 언젠가는 죽는 존재임을 머리로는 이해하면서도, 무의식적으로는 자기 자신에게는 죽음은 결코 일어나지 않는 일이라고 생각한다. 또한 누구나 죽음을 알고 있지만 동시에 그것이 어떠한 것인지는 모른다.

죽음이라는 피할 수 없는 현실을 짊어지고 사는 인간으로서는 산다는 것의 최종 목표를 죽음으로 상정할 수 있을지도 모른다. 지금까지 시대와 국가를 막론하고 죽음의 문제는 의학적 · 생물학적 문제를 넘어 철학 혹은 종교의 문제로서 중대한

---

* 〈실버타임스〉 2006년 2월 1일 자(제53호)

의미를 지니는 것으로 간주되어 왔다. 특히 죽음에 가장 가까운 존재인 고령자로서 죽음은 무시할 수 없는 주제이다.

일찍이 중세 유럽에서는 '메멘토 모리(memento mori; 죽음을 기억하라)'라는 사상이 널리 퍼져 있었다. 죽음의 존재를 항상 염두에 두고 현세의 삶을 성찰했던 당시 사람들에게 죽음은 금기가 아니며 평생에 걸쳐 잊지 않고 배워야 할 기술의 하나였다. 이러한 전통 속에서 19세기까지도—공공연하게 섹스를 이야기하는 것은 금기시(禁忌視)되었지만—죽음은 비교적 자유로이 논할 수 있었다.

그러나 20세기에 들어서자 상황은 극적으로 역전(逆戰)되었고, 특히 2차 세계대전 후 섹스는 급속히 개방된 반면 죽음은 병원의 밀실 속에 폐쇄되어 엄격히 금기시되는 경향이 강해졌다. 오늘날 이른바 '죽음을 금기시'하는 현상은 여러 가지 요인으로 더욱 확대되고 있다.

그러나 죽음을 금기시하고 의식에서 배제해버리려는 행동은 죽음과 표리일체(表裏一體)인 삶에 대한 의욕까지 감퇴시키는 결과를 초래하게 된다. 죽음의 금기시는 인생에 대한 자유로운 생각까지 속박한다. 죽음에 대해 솔직하게 이야기할 수 없다면 깊이 있고 참다운 인간적인 커뮤니케이션은 불가능할 것이다. 이별과 죽음에 얽힌 감정은 사랑이나 고민, 기쁨이나 슬픔과 마찬가지로 인간의 가장 근원적인 체험이기 때문이다.

이제는 죽음을 자연스러운 현상으로 받아들이고 자유롭게 이야기를 나누는 새로운 죽음의 문화를 창조해 나갈 필요가 있지 않을까 생각한다. 이는 동시에 새로운 삶의 방식을 모색하는 길이기도 할 것이다.

2) 죽음에 대한 공포

인간은 누구나 마음속에 죽음에 대한 공포나 불안을 품고 있으며, 죽음은 일어나서는 안 될 일로 여긴다. 이는 죽음을 금기시하는 분위기가 확산됨으로써 증가된 현상의 하나다. 그렇다면 우리는 왜 죽음에 대해 공포를 느끼는가? 디켄(Deeken, 독일출신 신부로, 죽음의 철학에 관한 세계적인 권위자)은 죽음에 대한 공포의 여러 가지 형태로 다음 몇 가지를 열거하고 있다. 1) 고통에 대한 공포, 2) 고독에 대한 공포, 3) 불쾌한 체험에 대한 공포, 4) 가족이나 사회에 부담이 되는 것에 대한 공포, 5) 미지(未知)의 것을 앞두고 생기는 공포, 6) 인생을 불완전한 채로 끝낸다는 것에의 공포, 7) 자기 소멸에 대한 불안, 8) 사후의 심판이나 벌에 관한 불안 등이다.

일반적으로 공포나 불안을 부정적인 감정으로만 인식하지만, 죽음에 대한 공포에는 생명의 위험을 피하고자 하는 기능이나 창조성을 길러주는 긍정적인 측면도 있다. 우선 공포에는 미리 위험을 알려 생명에 위협이 되는 사태를 피하게 하는 신호와 같은 작용이 있다. 만약 죽음에 대한 공포가 전혀 존재하지 않는다면, 뻔히 알면서도 생명을 줄이거나 그런 위험을 개의치 않는 무모한 행위를 할지도 모르는 것이다.

또한 죽음에 대한 공포는 이전까지 알아채지 못했던 잠재적 능력의 개화를 촉진시킨다. 죽음에 대한 공포를 깨닫는 순간 강력한 영감을 얻을 수 있는 것이다. 죽음에 대한 공포에는 자신의 유한성을 자각시켜 창조성을 발휘시킨다는 적극적인 기능도 있을 수 있는 것이다.

3) 죽음에 대한 준비교육의 필요성

죽음의 공포를 완전히 없애는 것은 불가능한 일이며, 이 공포에는 긍정적인 순기능도 있기 때문에 이를 일거에 모두 제거하는 것은 바람직하지 않다. 그러나 지나친 공포는 정상적인 수준으로 완화시킬 필요가 있다.

극단적인 공포는 죽음을 준비하는 교육을 행함으로써 완화시킬 수 있을 것이다. 죽음을 일상의 문제, 신변의 문제로 파악하며 삶과 죽음의 의미 등에 대해 배움으로써 의식적으로 억압해온 죽음에 대한 공포의 실체가 어떠한 것인가를 인식할 수 있기 때문이다. 막연히 두려워하기보다는 어느 정도 죽음에 관한 공포와 불안의 내용을 밝혀봄으로써 적절히 대처할 수 있을 것이다.

결국 죽음에 대한 준비교육은 삶에 대한 교육과 직결되며, 인생의 의미에 대한 또 다른 탐구라고 할 수 있다. 따라서 고령자의 죽음에 대한 준비교육에는 노화나 자기 인생에 대한 긍정적인 수용의 태도가 필수적이다.

나이를 먹어감에 따라 죽음에 관한 화제에 알레르기 반응을 보이는 사람이 많아지게 마련이다. 같은 세대의 사람들이 사망하는 것을 보면서 곧 자기 차례가 될지 모른다는 의식을 어떻게 해서라도 억압하고 싶기 때문일 것이다. 그러나 그런 사람들조차도 마음속에서는 죽음이 임박해오고 있다는 사실을 직시해야 한다는 것을 느끼고 있을 것이다. 누구라도 내심으로는 죽음에 관해 무심할 수 없는 것이다. 특히 건강을 잃어가는 고령자에게는 죽음은 한편으로는 알고 싶고 이야기하고 싶은 절실한 화제이다.

여기서 유의해야 할 것은, 설사 말기 암 환자가 느낄 죽음에 대한 공포를 덜어주고자 하는 선의에서 나온 것이라 하더라도, 환자를 보살피는 사람이 환자에게 자신의 가치관이나 신앙을 강요해서는 안 된다는 점이다. 죽음에 직면한 사람 자신이 지니고 있는 사생관(死生觀)에 따라 마음의 평정을 지킬 수 있도록 격려하는 태도, 그리고 최후까지 혼자 버려두지 않는 보살핌이 무엇보다 따뜻한 원조가 될 것이다.

12. 새로운 죽음의 문화 (2) *

1) 고령자의 사생관(死生觀)

인간이란 다른 동물과 달리 죽음의 존재를 알고 있다. 사람은 스스로가 나아가고 있는 길의 끝에 죽음이 있다는 것을, 그리고 이는 그 누구도 피할 수 없는 것임을 알고 있는 유일한 생물이다. 그러나 반드시 죽음이 찾아온다는 것을 알고 있으면서도 죽음을 초월하여 영원히 살고 싶은 욕망 또한 지니고 있다.

따라서 자신의 죽음에 관한 심리적 · 정신적 문제를 가볍게 하거나 해결하기 위해 '생명의 무한한 존재를 믿는다', '영혼의 불멸을 믿는다', '영혼으로 변하는 불멸의 대상에 대해 헌신함으로써 자신의 불멸을 구한다', '생사를 초월한 경지에 이르려고 한다' 등 여러 시도를 하는 것이다.

---

* 〈실버타임스〉 2006년 3월 1일 자(제54호)

사생관(死生觀)에 대한 질문에 대해 생각해본 적이 없다고 대답하는 사람도 있지만, 이는 그에게 사생관이 없다는 의미가 아니라 자각하고 있지 않다는 것뿐이다. 사람은 제각기 사생관을 지니고 있게 마련이다. 죽음에 대한 태도는 '무관심', '공포', '불안감', '고독감', '체념', '투쟁심', '무상함', '허무', '수용(受容)' 등 다양하다.

우리들이 죽음에 대해 알 수 있는 것은 죽음의 순간까지이므로, 그 후에 대해서는 불안감이나 공포감 등 부정적인 감정이 생기는 것은 극히 자연스러운 일이다. 따라서 사람들은 개인의 가치관이나 태도에 의거해 삶의 방식이나 죽음에 대한 대처법을 자기 의지로 선택하며, 그것이 다양한 형태의 사생관으로 나타나는 것이다.

일반적으로 고령자들은 임종 시에 고통을 경험하지 않고 갑작스러운 죽음을 맞기를 바란다. 그러나 건강한 고령자들은 죽음을 객관적으로 볼 수 있는 심리적 특성을 지니고 있으며, 죽음에 대한 공포가 없고, 나아가 지나치게 일방적으로 종교에만 의존하지는 않는 경향을 지니고 있다. 이들이 자신의 죽음에 대해 진정 두려워하는 것은 죽어가는 과정에서 체험하게 될 정신적·육체적 고통이나 치매로 인해 스스로의 인간적 존엄성을 유지할 수 없게 되는 것, 낙상 등으로 가족들에게 간병의 부담이나 폐를 끼치는 것에 대한 두려움 등이다.

2) 종말기 고령자의 존엄

고령자들이 바라는 바람직한 임종의 모습은 오랫동안 살아온 정든 집에서 친근한 사람들의 보살핌을 받으면서 아무런 고통 없이 스스로의 존엄(尊嚴)을 유지하면서 죽어가는 것이다. 그렇지만 마지막까지 병들지 않고 건강하게 오래 살면서 남에게 폐를 끼치지 않고, 인간적 존엄을 지키고, 나아가 삶의 질(QOL)을 유지한다는 것은 대단히 어려운 일이다.

따라서 이는 고령자에게 언제나 불안의 씨앗으로 남는다. 그래서 그런 바람을 오래 지속할 수 있도록 희망하는 동시에, 만약 그것이 불가능할 때는 갑자기 임종을 맞고 싶다는 희망을 강하게 갖는다. 이렇게 갑작스런 임종을 바라는 것은 건강과 장수에 대한 바람의 다른 모습이며, 죽음 자체를 원하는 것과는 다르다.

현대 의학은 수명의 연장을 추구해왔다. 고도로 발달한 의료 기술은 구명(救命), 질병의 치유, 장수의 은혜를 내렸지만, 한편으로는 죽음을 앞둔 상황에서 본인의 의사에 반(反)한 의료 행위가 행해질 수도 있다는 새로운 문제도 가져왔다. 지나친 연명(延命)조치에 의해 인간으로서의 긍지를 박탈당한 채 그저 생명만 유지하는 것도 여기에 해당된다. 그래서 지나치게 생명을 연장하는 대신에 편안하게 죽음을 구하는 안락사가 핵심적인 쟁점으로 떠오르게 되었다.

안락사는 크게 적극적 안락사와 소극적 안락사 두 가지로 나뉜다. 적극적 안락사는 죽음을 희망하는 사람에게 약물이나 물리적 방법을 사용하여 사망에 이르게 하는 행위다. 이에 비해 소극적 안락사는 본인이 희망할 경우 헛된 생명연장치료를 중지하는 것을 가리킨다. 현재 각국에 확산되고 있는 안락사 운동은 후자의 소극적 안락사를 전제로 하고 있으며, 일반적으로 존엄사(尊嚴死)라고 일컬어지기도 한다.

우리 주변에는 고령자가 종말기를 맞이했을 때 삶에 집착하지 않고 떳떳하게 죽는 모습을 높이 평가하는 문화도 존재한다. 동시에 본인의 의사가 아닌 지나친 생명연장조치는 죽어가는 사람의 존엄성의 관점에서 커다란 문제를 지니는 것이다.

3) 바람직한 임종과 그 문제점

1985년 전후부터 종말기 의료에 대한 관심이 높아지면서 치료우선주의(治療優先主義)에 대한 비판이 일어나 환자의 '생활의 질', '생명의 질'을 존중하는 치유(治癒)가 재창되었다. 이것은 '죽음을 어떻게 맞이할 것인가'의 결정권이 환자에게 있어야 한다는 '죽음의 자기결정권' 주장으로 나타나고 있다. 또한 '고지(告知)에 입각한 동의(informed consent; 의사의 설명을 듣고 환자가 의료를 주체적으로 선택하는 것)' 절차가 시행되고 있으며, 암의 발병 고지, 존엄사, 뇌사 등과 같이 죽음에 대한 관심이 높아짐에 따라 임종의 장소나 장의(葬儀), 묘지에 대한 관심도 높아지고 있다.

사회의 변화에 따라 사람들이 죽음을 받아들이는 방식도 변화하게 마련이다. 어느 사회에서나 그 시대에 대응한 '죽음의 문화'를 발달시켜왔지만, 죽음에 대해 이야기한다는 것은 영원한 시행착오(施行錯誤)일지 모른다.

서구에는 '사학(死學)'이라는 학문 분야가 있다. 사학은 철학, 윤리학, 종교학, 의학, 심리학 등 다양한 영역과 각도에서 인간의 죽음과 이를 둘러싼 여러 문제를 고찰하려는 학문이다. 우리나라에서도 2005년 6월 4일 '죽음을 존엄하게, 의연하게, 아름답게 맞이하고 싶다', '잘 죽는 것이 잘사는 것이다'라는 기치 아래 '한국죽음학회'가 창립되었다.

한국죽음학회 창립기념 학술대회에서는 '죽음은 우리의 일상임에도 불구하고, 오늘날 죽음이라는 단어는 서서히 사라지고 그 대신 건강, 치유, 평균수명, 노년, 복지라는 단어가 등장하며 죽음을 주변화하고 있다'는 비판이 제기되었다. 또한 '한국의 병원들에 산재되어 있는 중환자실에는 죽음을 앞둔 환자들이 죽음에 관해 아무런 교육도 받지 못한 채 방치되어 있다'면서, '죽음학'은 학문에만 그쳐서는 안 되고 반드시 실생활에 적용되고 긴급하게 필요한 사람들에게 전달되어야 한다고 강조하고 있다. 이는 우리 고령자들이 한 번쯤 깊이 되새겨야 할 내용이다.

제2장

고령화와 건강수명

1. 고령화는 뉴 프런티어*

옛날부터 불로장수(不老長壽)는 인류 최대의 소망이다. 100년 전에 인류가 바랐던 장수의 꿈은 실현되어가고 있다고 할 수 있다. 의학이나 영양학의 진보와 생활환경의 개선으로 기력이 쟁쟁한 고령자가 증가되고 있다. 특히 미용 면에서는 '젊게 보이는 기술'이 진보되어 60세의 여배우가 멜로드라마에 출연하는 일도 드물지 않다. 더구나 연금제도 덕분에 긴 여가를 지낼 수도 있게 되었다.

그러나 세상의 풍조는 그런 현실을 기뻐하거나 즐거워하고 있다고 할 수 없다. 오히려 장수를 고생의 씨앗처럼 논하는 사람들이 적지 않다. 관료기구에서는 미래에 대한 극단적 비관론이 해결책도 없이 흘러나오고 있다.

미래에 대한 비관론에는 두 가지가 있다. 첫째는 산업경제의

* 〈실버타임스〉 2003년 12월 1일 자(제27호)

공동화(空洞化)에 따른 경제 몰락론(沒落論)이다. 또 다른 하나는 인구의 소자고령화에 따른 재정적 파탄론(破綻論)이다. 이 두 가지가 서로 엉켜서 비관적인 분위기를 세상에 심고 있다. 그러나 여기에는 '관료 주도의 현 상황이 계속된다면…'이라는 전제조건이 붙어 있다는 사실을 잊어서는 안 된다.

고령화는 개인생활과 기업활동에 커다란 영향을 끼치고 있다. 따라서 개인이나 기업에게도 고령화에 대한 여러 가지 대응이 요구된다. 그래서 고령화는 이따금 고령화 '문제'로 취급되어 경제사회의 장래에 암운(暗雲)을 던지는 것으로 간주되고 있다. 그러나 이는 잘못된 견해이다. 한국이 고령화를 경험하고 있다는 것은 풍요한 사회를 실현시키고 있다는 것이다. 실로 고령화는 성공의 징표이며 기뻐해야 할 성과이다.

고령화 자체가 문제가 아니라, 고령화로 인해 곤란해질 수 있는 경제, 사회의 짜임새가 문제다. 즉, 고령화의 개념을 바꾸지 않고 고령자들과 관련한 사회체계를 개정하지 않으면 경제의 활력은 상실되며 의료나 연금 부담의 중압으로 재정이 파탄하고 말 수 있다. 그러나 고령자의 개념을 바꾸고 사회체계를 고친다면 미래에 대한 예측도 변할 것이다.

고령자의 증가는 상당한 돈을 축적(蓄積)하고 여러 가지 경험과 시간적 여유를 가진 사람들의 소비시장이 확대되는 것이기도 하며, '연금 겸업형 근로자'의 대량 출현이기도 하다.

문제는 이것을 어느 정도 인식하며 어떻게 접근하며 잘 활용하는가 하는 것이다. 미래를 바라보는 자에게는 건전한 낙관주의, 즉 '미래는 잘 될 것이다'라는 의지가 필요하다.

오늘날 한국은 고령화가 급속도로 진행되고 있다. 그것은 세계 속에서 선구적으로 고령문화와 고령경제를 확립할 수 있는 좋은 기회를 만났다는 것을 의미한다. 그 기회를 놓치지 않기 위해서는 고령자라는 거대하고 다양하며 개성적인 시장을 잘 알아둘 필요가 있다. 나아가 고령자들이 지니고 있는 능력과 의욕을 활용하는 방법을 창조해야 한다. 그러나 안타깝게도 현실에서는 관료들의 비관론에 짓눌려 고령자들에게 즐거움과 긍지를 부여하는 체제도, 고령자를 강력한 생산인구로 활용하려는 발상도 나오고 있지 않다.

2. 고령화와 건강수명의 중요성*

우리나라는 무서운 속도로 고령화가 진행되고 있다. 통계청이 발표한 '2001년 생명표'에 따르면 2001년 현재 우리 국민의 평균수명은 76.6세로, 남성은 72.8세, 여성은 80.0세로 나타났다. 10년 전보다 남성은 5년을, 여성은 4년을 더 사는 셈이다. 이로써 우리 국민의 평균수명은 OECD 평균수준(남성 74.4세, 여성 80.4세)에 가까워졌다.

경제 발전과 아울러 의학의 발달을 통해 고령화 시대로 접어들면서 '평균수명'이 길어지고 있다. 그러나 고도 산업사회의 왜곡된 측면이 가져다주는 스트레스와 온갖 질병에 시달리며 오래 살아야 한다면 장수를 행복이라고만 할 수는 없다. 실로 장수란 건강을 토대로 즐겁게 살 수 있는 인생이어야 할 것이다. 여기에 '건강장수'의 문제가 등장한다. 이른바 '장수(長

---

* 〈실버타임스〉 2003년 10월 1일 자 (제25호)

壽)’와 ‘장생(長生)’은 다르며, 일반적으로 ‘건강수명’은 평균 수명보다 10년 정도 낮다고 한다.

건강장수와 직결되는 것으로 ‘기능연령(機能年齡)’이라는 용어가 있다. 호적연령은 단순히 호적상의 연령이고, 기능연령은 신체적 기능의 연령을 말한다. 호적연령과 기능연령은 젊을 때는 큰 차이가 없지만 호적연령이 높아짐에 따라 그 차가 커진다고 한다. 한 연구에 의하면 호적연령이 45세인 사람들의 기능연령은 최저 39세에서 최고 51세로 12년의 차이를 보이고 있으며, 호적연령 75세에서는 기능연령이 66세부터 84세로 그 차이가 18년이나 된다고 한다. 나이를 먹더라도 본인의 마음가짐과 습관에 따라 실제 연령보다 훨씬 젊은 육체와 정신을 지닐 수 있다는 것이다.

생로병사(生老病死)는 인간에게 주어진 운명이다. 다만 병원 신세를 지지 않고 여생을 마쳤으면 하는 것이 고령자들의 소망이다. 나 자신 결핵과 대상포진 등 여러 병으로 인해 입원치료를 받았고, 담석증, 전립선암 등으로 수술까지 받는 등 많은 병에 시달리며 살아왔다. 소위 ‘백의공포증’에 시달려 죽고 싶은 순간도 많았지만, 나 자신 아직도 현역주당(現役酒黨)으로 살고 있다는 데 감사할 뿐이다. 이는 취미생활과 봉사활동을 열심히 하고 많은 모임에 부지런히 참여하며 살아온 덕분이 아닐까 생각한다.

지금 우리는 '인생 백 년'의 시대로 다가가고 있다. 장수국임을 자랑하는 이웃나라 일본은 실제로 백세 이상의 노인이 2만 명을 넘어섰다고 한다. 자기 스스로 늙었다고 생각하면 어떤 연령일지라도 노후(老後)이다. 그러나 백 살이 넘었어도 스스로 현역이라 생각하면 아직 노후가 아닌 것이다. 지금의 자신이 가장 젊다는 생각을 갖는 것이 중요하다. 사고와 행동이 폐쇄적이 되면 노화가 빨리 찾아온다.

급변하는 세상 속에서 자신이 활동하던 시대의 사고방식이나 상식에 얽매어 군소리만 해대는 소위 '불평불만노인'이 되지 않기 위해서라도 소위 '사회적 건강(社會的 健康)'이 요구된다.

다가오는 고령사회에서 행복한 노후생활의 필요조건은 단순한 장생이 아니다. 중요한 것은 건강수명을 연장시키는 일이다. 그러기 위해서는 적극적인 건강관리가 필수적이다. '인간은 과거와 타인은 바꿀 수 없지만 미래와 자신은 바꿀 수 있다'는 말이 있다. 과거로 돌아갈 수 없다면 지금이라는 시간을 열심히 살아가는 것이 최선이 아닐까?

3. NHK 스페셜 : 노화에 도전한다*

1) 1회의 테마 : 뇌(腦)

백세 전후가 되어도 활발하게 지적 활동을 하고 있는 고령자들. 그들은 어떻게 그 나이가 되어서까지 뇌의 활동을 유지할 수 있을까? 고령자의 뇌는 지금까지는 거의 연구된 적이 없는 미지의 영역이었다. 오늘날 수수께끼에 싸여 있는 고령자의 뇌의 비밀에 대해 최첨단 뇌과학이 도전하고 있다.

지금까지, 뇌의 신경세포는 사멸하며 새로 탄생하지 않는다고 믿어져왔다. 그러나 최근의 연구를 통해, 고령이 되어도 신경세포는 새로 생긴다는 것, 신경세포의 수 자체는 증가하지 않을지라도 신경세포 간을 연결하는 네트워크는 고령자가 되어도 충실하다는 것, 나아가 노화로 인해 쇠퇴한 뇌도 마음가짐

---

* 2004년 9월에 NHK에서 방영된 내용으로, NHK 출판사에서 단행본으로 출간되기도 했다(참고문헌 참조).

과 노력 여하에 따라 다시 살아날 수 있다는 것이 밝혀졌다.

2) 2회의 테마 : 수명(壽命)

인간은 몇 살까지 살 수 있을까? 건강하게 오래 살기 위해서
는 무엇이 필요할까?

최근의 연구를 통해 노화의 스피드를 늦춤으로써 수명이 연
장된다는 것을 알게 되었다. 노화의 스피드를 높이는 것은 신
체의 세포 속에서 에너지가 만들어질 때 생기는 '활성산소'이
다. 미국과 일본의 최첨단 연구를 통해, 여전히 활동하는 백세
전후의 고령자들은 활성산소를 아주 잘 조절하는 생활을 오랫
동안 실행해왔다는 것이 밝혀지고 있다.

3) 슈퍼 노인들로부터 배워야 할 풍요한 인생

노화를 극복하며 자기 수명의 한계까지 심신 모두 건강하게
사는 것, 그 비결은 '식사와 운동'이라는 일상에 있다. 그 일상
의 노력을 지탱하는 것은 '평생의 벗'이라 할 수 있는 삶의 보
람과, 어떠한 경우에도 인생을 즐겁게 살려는 전향(前向)적인
마음가짐이다.

노화에 도전하는 것은 70세, 80세에도 늦지 않다. 새로운 것

에 도전하려는 마음의 젊음, 호기심을 잃지 않는 가벼운 마음가짐이 있으면 그 후의 인생은 얼마든 풍요로워질 수 있다.

누구라도 백세까지 살 날이 오는 것은 먼 미래의 일이 아닐지 모른다.

〈사례 연구〉

1) 98세의 장애인학원 원장

2) 103세의 현역 러너

3) 100세의 현역 스키 활주자

4) 히노하라 시게아키 : 93세의 현역 의사

5) 102세의 무용 사범

4. 치매(癡呆) 예방에 관한 기초 지식*

1) 치매에 대한 오해

우선 '나이를 먹으면 누구나 치매에 걸린다'라고 생각하는 것은 커다란 잘못이다. 치매는 고령자에게 있어서도 예외적인 상태이다. '고령자 = 치매'라는 생각을 하기 쉽지만, 실제로 전체 고령자에서 치매성 고령자가 점하는 비율은 4~7% 정도라고 보고되고 있다.

이는 고령자의 95%는 치매가 아니며, 결국 나이를 먹어도 대부분의 사람은 치매에 걸리지 않는다는 것을 의미한다.

물론 치매의 발생률은 연령과 더불어 높아진다. 60대는 1~2% 정도이지만, 85세 이상에서는 25~30%로 상승하며, 100세 이상의 초고령자는 거의 반수가 치매에 걸린다고 한다. 치매의 발생에는 '가령(加齡)'이라는 요소가 관련된다는 것은 틀림없는 사실이지만, 거기에 '다른 병'이라는 요소가 합쳐져야

비로소 '치매'라는 현상이 일어나는 것이다.

따라서 치매를 고령자가 피할 수 없는 운명으로 체념(諦念)할 것이 아니라, 병적·예외적인 상태로 생각해야 한다. 그것은 고령자를 일률적인 '약자'로 간주하는 선입관을 고쳐 고령자에게 자신감을 되찾게 하며, 나아가 고령사회에 대한 그릇된 불안감을 경감(輕減)시키는 데 있어서도 중요한 것이다.

치매와 정상적인 노화현상으로서의 정신적 쇠퇴를 구별하지 않으면 커다란 문제에 봉착할 수 있다. 치매와 관련한 진찰을 받기 위해 처음 병원을 방문했을 때 이미 치매가 상당히 진행된 경우를 많이 볼 수 있다고 한다. 가족이 '나이를 먹으면 누구나 치매에 걸린다'고 생각하며 방치하는 사이에 당해낼 수 없을 정도가 되어버린 경우가 대부분이다. 조금이라도 빨리 이상 증상을 알아차려 의료나 복지서비스를 받았다면 가족은 물론이고 본인을 위해서도 '좀더 나은 환경을 만들 수 있었을 텐데…'라며 마음 아파하는 전문가가 적지 않다고 한다.

2) 노화에 따른 정신적 쇠퇴와 치매

누구나 중년기가 되면 기억의 쇠퇴에 대해 신경이 쓰이기 시작한다. '이 사람은 확실히 알고 있는 사람인데 이름이 떠오르지 않는다' '곧 떠오를 것 같은데 생각이 나지 않는다' 등은 누구에게나 빈번히 일어나는 현상이다. 오히려 문제가 되는 것은 '이런 상태가 점점 악화되어 치매가 되지 않을까?' 하는 예기불안(豫期不安)이다. 기억의 쇠퇴로 인해 불안에 빠지면 정신위생상 좋지 않은 문제가 일어날 수 있다는 것이다.

따라서 '누구에게나 일어나지만 결코 치매라고 할 수 없는 정도의 기억의 쇠퇴'와 '기억 외의 여러 가지 지적 기능이나 인격, 감정, 행동 등에 영향을 주는 이상한 변화'의 차이를 알아두는 것은 대단히 중요한 일이다. 전자를 노화에 따른 '쇠퇴'로, 후자를 병적인 '치매'로 구별하는 것이 좋다.

치매성 노인이 급증하고 있는 21세기의 최대 과제 중 하나는 치매 대책이라 생각한다. 치매는 인생의 후반을 마음 편하게 맞이하려는 고령자에게 큰 장애물이 될 뿐 아니라 그 가족의 생활에도 엄청난 영향을 끼친다.

'평생 현역으로 치매와 무관한 인생을 보내고 싶다'고 희망한다면 오래 지속할 수 있는 치매 예방의 패턴을 지금부터 실행에 옮겨 일상생활 속에서 습관이 될 수 있도록 해야 할 것이다.

명심해야 할 일은 '치매에 걸리기 쉬운 사람이 되느냐, 걸리기 어려운 사람이 되느냐'는 각자의 노력에 따라 선택이 가능해진다는 사실이다. 모두가 자신의 일상생활을 근본부터 재검토하여 '미래에 대해 불안해하지 않고 희망을 가질 수 있는 인생설계'를 그려보는 것이 어떨까?

3) 치매 예측 테스트 10개 문항

각 질문에 대해 자신의 견해와 가장 가깝다고 느껴지는 척도를 점수 란에 적어보자.

질문	리커트 척도	점수
1. 같은 이야기를 무의식적으로 되풀이한다.	거의 없다(0) 가끔 있다(1) 자주 있다(2)	
2. 알고 있는 사람의 이름이 생각나지 않는다.	거의 없다(0) 가끔 있다(1) 자주 있다(2)	
3. 물건을 둔 곳을 잊어버린다.	거의 없다(0) 가끔 있다(1) 자주 있다(2)	
4. 한자를 잊어버린다.	거의 없다(0) 가끔 있다(1) 자주 있다(2)	
5. 지금 하려고 했던 일을 금방 잊어버린다.	거의 없다(0) 가끔 있다(1) 자주 있다(2)	
6. 기구의 사용 설명서를 읽는 것이 귀찮다.	거의 없다(0) 가끔 있다(1) 자주 있다(2)	

7. 이유도 없이 우울해진다.	거의 없다(0) 가끔 있다(1) 자주 있다(2)	
8. 몸가짐에 무관심하다.	거의 없다(0) 가끔 있다(1) 자주 있다(2)	
9. 외출을 귀찮게 생각한다.	거의 없다(0) 가끔 있다(1) 자주 있다(2)	
10. 무엇을 찾다가 눈에 띄지 않으면 남의 탓으로 돌린다.	거의 없다(0) 가끔 있다(1) 자주 있다(2)	
합 계		**점**

※ 진단 : 0~8점 정상 / 9~13점 요주의 / 14~20점 병적

4) 치매 예방 10대 조항

1. 염분과 동물성 지방의 섭취를 삼가며 균형 잡힌 식사를 한다.
2. 적당히 운동을 하여 발목과 허리를 단단하게 한다.
3. 폭음과 담배를 끊고 규칙적인 생활을 한다.
4. 생활습관병(비만, 고혈압)을 예방하고 조기에 발견하여 치료한다.

5. 넘어지지 않도록 조심한다(머리의 타박은 치매를 초래할
   수 있다).

6. 흥미와 호기심을 갖는다.

7. 생각을 정리하여 표현하는 습관을 갖는다.

8. 조그마한 것에도 마음을 기울여 좋은 대인관계를 형성
   하고 유지한다.

9. 언제나 젊게 멋을 부리는 마음을 잊지 않는다.

10. 끙끙 앓지 말고 명랑한 기분으로 생활한다.

5) 치매 예방의 3대 기본 대책

1. 라이프스타일

 1) 머리를 사용하는 습관을 기른다.

 2) 뇌와 신체의 기초체력이 쇠퇴하지 않게 한다.

 3) 남을 배려하는 생활습관과 마음가짐을 갖는다.

2. 식생활

 1) 식생활을 전면 재검토하고 개선한다(2년 내에 효과를 볼
    수 있음).

 2) 과일과 야채를 다량 섭취한다(발병 확률 1/3로 감소).

 3) 생선을 자주 먹는다(먹지 않는 경우 발병률이 5배).

3. 적당한 운동

  1) 와상은 곧 치매로 이어질 수 있으므로 조심한다.

  2) 머리를 부딪치면 치매 위험이 높아지므로 조심한다.

  3) 많이 걷는다.

6) 치매에 걸리기 쉬운 사람, 걸릴 확률이 낮은 사람

  '감동이 없는 생활'을 하면 치매에 걸리기 쉽다. 자기가 입는 옷에 무관심하고 음식도 배만 부르면 그만인 사람, 취미가 없어서 여가가 생기면 TV만 보거나 멍하니 있는 타입의 사람은 정년 후 일을 떠나면 치매에 걸리기 쉬우므로 주의가 필요하다.

치매에 걸리기 쉬운 타입

  1. 꼼꼼하고 빈틈이 없는 사람

  2. 만사를 귀찮게 생각하는 사람

  3. 이렇다 할 취미가 없는 사람

  4. 단조로운 생활을 영위하는 사람

  5. 외출을 싫어하는 사람

  6. 가족과 대화가 없는 사람

  7. 자기가 스스로 무언가를 하려고 하지 않는 사람

  8. 사람 사귀는 것을 싫어하는 사람

아무런 변화 없이 공부도, 창조도 하지 않는 나날을 보내다가 정년을 맞으면 아무것도 할 일이 없게 되며, 자발적으로 무엇을 하려는 생각도 떠오르지 않는다. 제2의 인생을 뜻 깊게 보내기 위해서는 바깥세상으로부터 많은 자극을 받고 거기에 반응하는 태도를 가져야 한다. 예컨대 예전부터 흥미를 가져온 일이나 취미에 도전하는 등 뇌에 자극을 주는 습관을 몸에 지닐 필요가 있다.

역으로 성격상 치매에 걸릴 확률이 낮은 타입의 사람은 사물을 파악하는 방법이나 느끼는 방법이 양성적이고 긍정적이며, 사람과의 커뮤니케이션에 능하고, 부지런하고 심적으로 여유가 있는 사람이 해당된다.

치매에 걸릴 확률이 낮은 타입

1. 사교적이며 친구가 많은 사람
2. 명랑하며 잘 웃는 사람
3. 남을 배려할 줄 아는 사람
4. 부지런히 움직이는 사람
5. 일 외에 사는 보람이 있는 사람
6. 멋을 내는 사람
7. 융통성이 있고 유머감각이 풍부한 사람

8. 완고하지는 않으나 지기 싫어하는 면이 있는 사람

9. 호기심이 왕성한 사람

뇌의 노화를 방지하기 위한 두뇌의 사용법으로는 다음 세 가지를 들 수 있다.

1. 열심히 몸을 움직인다.

2. 여러 가지 자극을 받고 그에 반응한다.

3. 남을 배려한다.

무엇보다도, '치매에 걸리기 쉬운 사람이 되느냐, 혹은 걸리기 어려운 사람이 되느냐'는 각자의 노력에 따라 크게 달라진다는 점을 명심해야 한다.

7) '평생현역'으로 치매를 모르는 인생

'평생현역'이라는 말은 단지 오래 사는 것뿐만 아니라 '건강하게 살며 정신과 육체의 골인을 동시에 한다'는, 말하자면 '최후까지 지적인 인간으로 산다'는 것을 표현한 대단히 매력적인 용어다.

치매란, 육체의 노화에 비해 정신의 노화가 이상하게 빠르거나 현저하게 나타나 병적인 상태가 되어 뒤죽박죽이 된 상태라고 할 수 있다.

일본에서 평생현역으로 살아온 76~100세 사이의 유명인 35
인을 조사·연구하여 이들에게서 공통적으로 볼 수 있는 특성
을 찾아보니 다음과 같은 10개 항목이 분석되었다고 한다.

평생현역의 10개 항목

1. 늙었다고 생각하지 않으며 언제까지나 장년의 기개(氣
   槪)를 지닌다.
2. 혈압은 거의 정상으로, 180 이상은 한 사람도 없다.
3. 대범하며 자기 혈액형을 모르는 사람도 상당 수 있었다.
4. 비만인 사람은 한 사람도 없었다.
5. 양친도 비교적 장수했다.
6. 대부분의 사람들이 큰 병을 앓은 경험이 없다.
7. 담배를 피우는 사람은 거의 없다.
8. 폭음하는 사람은 한 사람도 없다(상당수가 술을 아예 마
   시지 않는다).
9. 운동에 관심을 갖고 있다.
10. 거의 모두가 글쓰기를 좋아한다.

이 10개 항목을 지키는지 여부가 치매에 걸리느냐 걸리지 않
느냐에 결정적인 영향을 끼친다고 한다. 건강한 20대나 30대

들도 이 10개 항목을 실천하면 남은 인생에 큰 도움을 받을 수 있을 것이다. 이런 생활습관은 빨리 시작하면 할수록 좋다. 'The sooner the better'인 것이다.

5. 만병의 근원 스트레스

1) 스트레스의 원인

인간은 정신적인 동물이다. 마음가짐 하나로 언제나 젊게 살 수 있는가 하면, 아차 하는 사이에 노화가 급속도로 진행될 수도 있다. 극단적인 스트레스는 하룻밤 사이에 홍안의 소년을 백발의 노인으로 변화시킨다고 할 만큼 건강의 최대 적이다.

생활습관병의 전문가 100여 명이 모인 학회에서 '이 세상에서 의학적으로 가장 무서운 인자(因子) 하나를 들어라'라는 설문을 한 결과, 비만·고혈압·당뇨·고지혈증 등의 답도 볼 수 있었지만, 압도적으로 많은 75%를 차지한 것이 '스트레스'였다고 한다.

현대사회에서 사람들은 수많은 심리적·사회적 스트레스에 직면하고 있다. 지금은 질병의 50~80%가 스트레스가 원인 중 하나인 것으로 분석되고 있다.

특히 고령자의 경우, 배우자나 근친자의 사망에 따른 상실체험(喪失體驗), 자신의 신체기능 저하와 건강에 대한 불안감, 입원이나 만성질환 등에 의한 일상 활동의 저해, 사회적 역할의 상실이나 새로운 역할에의 부적응, 고독이나 고립감, 노후의 생활불안 등 일상 속에서 많은 심리적 · 사회적 스트레스를 경험하지 않을 수 없다.

실로 스트레스는 대부분이 생활습관병과 노이로제, 우울증 등 마음의 병을 낳아 우리의 건강과 생명을 위협하고 있다.

2) 스트레스 예방을 위한 5대 원칙

1. 삶의 보람과 정열을 지니고 살 것
2. 유머를 지닐 것
3. 취미를 가질 것
4. 넓은 교제를 가질 것
5. 건강한 몸을 유지할 것

3) 스트레스 해소법

스트레스의 치료와 해소에는 기본적으로 세 가지 방법이 있다.

첫째는 '수양법'으로, 신앙, 좌선, 명상, 서도, 열중, 마음을 비우는 일이다.

둘째는 '오락법'으로, 각종 스포츠, 바둑, 영화, 음악감상 등 좋아하는 오락에 몰두하는 일이다.

셋째는 '발산법'으로, 술, 춤, 노래 등을 통해 스트레스를 해소하는 방법이다.

위의 세 가지 방법은 기본이며, 그 밖에 여러 가지 방법이 있을 것이다. 사람들마다 성질이 다르기 때문에 각자에게 합당한 방법을 선택하는 것이 중요하다. 사람들에게는 자신에게 알맞은 스트레스 해소법이 반드시 있기 때문에 그 방법을 찾아서 실행하는 노력이 필요하다.

4) 망각 건강법

망각은 장수시대의 요긴한 스트레스 해소법이다.

"나이를 먹으니 잊어버리는 일이 너무 많아졌다."고 탄식하는 사람들이 많지만, 망각은 오히려 자연의 방어본능이다.

한 심리학자는 "만약 인간이 잊어버리는 능력이 없어서 경험한 것을 모두 뚜렷이 기억한다면 30세쯤에는 모두 자살하고 말 것이다."라고 지적하기도 했다.

잊어버리는 능력은 신에게서 부여받은 훌륭한 능력이다. 살아 있다는 사실 자체를 거부하고픈 절망감, 혐오감, 실망까지도 시간이 해결해주는 것이다.

생리적 노화, 즉 표준적 노화현상에 의한 잊어버림은 '망각 건강법'이라고도 할 수 있다. 잊어버림을 치매의 시작이라고 불안하게 생각하는 사람도 적지 않겠지만, 걱정할 필요 없다.

생리적 노화에 의한 잊어버림과 치매는 간단히 구별할 수 있다.

예를 들어, 안경 둔 곳을 잊어버리고 찾아 헤매는 것은 생리적 노화, 안경의 사용법을 잊어버리면 치매. 식사 때 먹었던 반찬의 내용을 잊어버리는 것은 생리적 노화, 먹었다는 것 자체를 잊어버리면 치매. 친구나 지인, 옛 애인의 이름이 떠오르지 않는 것은 생리적 노화, "어디 사는 누군지 모르지만 언제나 친절히 대해주어 고맙소."라고 아내에게 말하면 치매라고 볼 수 있다.

6. 고령자 여가활동의 의미 (1)

1) 고령자의 생활행동

인간의 생활행동의 짜임새는 질병과 장애상태를 제외하면 다음과 같은 범주로 나누어 생각할 수 있다. 첫째, 누구나 최저 생명을 유지하는 데 필요한 행동(수면, 음식, 배설 등)을 취한다. 이 행동은 생활필수행동(生活必需行動)이다. 다음으로, 인간은 사회생활을 영위하기 때문에 사회의 일원으로서 요구되는 구속적 행동을 한다. 이것을 사회적 구속행동(社會的 拘束行動)이라고 한다. 나아가 현대인은 자신의 의사에 따라 주체적·자립적 행동을 취한다. 이것을 자유행동(自由行動)이라고 할 수 있다. 이 세 가지 생활행동은 상호 영향을 끼치며 중첩되기도 하여 확연히 구별하기는 힘들다.

고령자의 생활행동을 살펴보면, 생활필수행동은 예전과 별 차이가 없지만, 사회적 구속행동에 쓰이는 시간이 대폭 감소하

며, 그 대신 자유시간의 양이 증대된다고 한다. 고령자가 하루
에 8시간 이상의 자유시간을 갖는다고 할 때, 자기 재량에 의해
좋아하는 일을 할 수 있는 것이다. 그것은 바로 사는 기쁨과 연
결되어 삶의 보람을 느낄 기회도 될 수 있으며, 어떻게 하면 좋
을지 몰라 비창조적 활동으로 빠지는 기회도 될 수 있다.

이런 자유시간 및 그 주변시간에 행하는 모든 활동을 여가활
동이라고 할 때, 거기에는 창조적인 활동, 사회적으로 인정되
는 활동에서부터 비창조적이며 반사회적인 활동까지의 양극
(兩極)을 포함한다. 어느 쪽이든 고령자들의 여가활동은 심신
에 영향을 끼치며 나아가 그들의 인생 자체라고 의식할 수도
있을 만큼 간과(看過)할 수 없는 활동이다.

우리나라의 노인들은 대체로 집안에서 혼자 소일하면서 소
극적으로 여가생활을 하는 경우가 많다. 노인들이 가장 선호하
는 여가활동은 TV 시청이나 라디오 청취이고, 그 외에 장기,
바둑, 화투, 친구와의 잡담, 자녀 및 친지 방문 등을 주로 한다
고 한다.

2) 놀이문화의 의의(意義)

노후의 여가생활은 은퇴 후 사회와 가족으로부터의 소외에
서 벗어나 자긍심과 자신감을 갖고 자기실현(自己實現)을 할

수 있는 계기를 마련해준다. 노인의 적극적인 여가활동을 통해서 개인적으로는 신체건강, 삶의 만족감, 심리적 안정 등을 얻을 수 있고, 사회적으로는 노인에 대한 긍정적 이미지 확립, 노인의 지역사회 내 통합 등 여러 가지 긍정적 결과를 기대할 수 있다.

일반적으로 고령자들은 지금까지의 생활에서 오랫동안 지녀온 취미를 하나씩은 갖고 있다. 한편 노는 것을 죄악으로 생각해온 시대에 자란 고령자 중에는 자신은 무취미(無趣味)라고 답하는 사람들도 적지 않다. 취미를 '노는 것'과 같은 의미로 간주하는 고령자는 취미를 '부끄러운 것'으로 생각하여 취미의 실천에 부정적이 되는 경우도 있다. 그러나 고령자가 주체적으로 생활하려 한다면, 취미활동은 자기실현의 방법으로 불가결한 것이다.

흔히들 인간에게는 '일하는 시간'과 '기도하는 시간', 그리고 '축제의 시간'이 필요하다는 말이 있다. 놀이가 인생의 목적의 전부라고는 할 수 없지만, 인생에 신축성을 주며 리듬을 자아내어 행복을 가져다주는 중요한 요소임에는 틀림없다.

오늘날 고령자들은 놀이의 시간을 되찾아 '또 하나의 가치를 지닌 세계'를 형성하여 본래의 역할을 되찾아야 한다. 그리고 위기를 생산의 시점(視點)에서가 아닌 문화의 시점에서 파악하여 극복해가야 할 것이다. 문화와 오락의 즐거움은 사치가 아니며 인간답게 살아가는 데 있어서 필수조건으로 생각할 수 있기 때문이다. 근년에 이르러서는 삶의 질(QOL)이 복지문화 향상의 지표로 내세워지고 있는데, 그것은 놀이와 취미의 세계와 깊이 관련되어 있는 것이다.

고령화에 따라 심신이 쇠약해지는 가운데서도 오히려 더욱 취미를 즐기며 노는 마음을 개방시켜가는 것이 바람직한 일이 아닐까? 노노개호(老老介護; 前期의 노인이 後期의 노인을 수발하는 것)라는 험한 현실 속에서도 망중한(忙中閑)을 구하는 마음의 여유와 정취를 소중히 여겨야 하며, 사회는 그런 일을 조직적으로 응원해야 할 것이다.

3) 고령자의 취미활동

여가활동으로서의 취미에서는 고령자의 주체성(主體性)과 적극성(積極性)이 존중되어야 하지만, 놀이의 세계가 풍부히 형성되지 않은 풍토 속에서 살아온 고령자에게는 노년의 생활에 활기를 불어넣을 수 있는 취미의 발견을 도와주는 원조의 시점(視點)이 중요하다. 고령자가 새로운 것에 도전할 수 있는 '동기부여(動機賦與)'를 해주는 등 의욕을 높여주는 것이 중요하다.

취미는 원래 개인의 흥미와 관심에 기틀을 둔 개인적인 활동이다. 그러나 취미를 같이 하는 사람들이 모여서 집단으로 행동할 경우에는 친구를 만드는 등 교류의 효과도 기대할 수 있다. 그런 의미에서, 취미를 수단으로 하는 집단활동 프로그램을 만드는 것은 복지 관계자들이 담당해야 할 중요한 과제이다.

취미활동에 소극적인 고령자도 있지만, '삶의 보람'을 찾기 위해서 적극적으로 참여하는 사람들도 많다. 와상(臥床)노인일지라도 침대에서 독서를 하거나 고전음악을 듣는 것을 취미로 삼고 있는 경우도 있을 것이다. 또한 대화를 즐기는 것을 취미로 삼고 있는 사람도 있을 것이다. 나아가 매일 바쁘게 동아리활동을 하는 것이 생활의 충실이나 삶의 보람으로 연결되고 있는 사람들도 적지 않을 것이다.

고령자의 취미활동에 대한 개개인의 가치관은 다양하겠지만, 취미가 생활의 활성화에 커다란 역할을 한다는 것을 실감하는 사람들이 많다. 고령자들이 행하는 취미활동은 중년에서 노년으로 이어지는 인생설계나 개인이 지닌 인생관과 사생관(死生觀)에까지 영향을 미치는 의의(意義) 깊은 생활행동이라 할 수 있다.

7. 고령자 여가활동의 의미 (2)

1) 복지과제로서의 여가와 놀이

21세기의 사회복지를 생각함에 있어서 여가와 놀이는 피할 수 없는 테마다. 복지란 '행복이 머무는 곳'이라고 생각할 때, 그 행복의 내용에는 의식주라는 기초생활의 보장뿐만 아니라 생활의 쾌적성(快適性)의 획득, 바꿔 말하면 놀이와 즐거움의 형수(享受)가 포함된다는 것이 현대의 상식이다. 그런데 고령화가 급격히 진전된 우리 사회는 심리적으로나 제도적으로 충분한 준비기간이 없는 채로 최대의 생활과제인 건강과 더불어 여가문제에 직면하게 되었다.

특히 여가의 경우, 장년기에 부정적 · 소극적 여가관과 근로지상주의(勤勞至上主義)를 지니고 살아온 사람들이 생활의 대부분이 여가가 되는 '여가의 대해(餘暇의 大海)'에 던져질 때는 크게 당황하게 된다. 고령자 복지의 테마로서 이 방대한 여가를 '의미와 가치 있는 시간'으로 만들기 위해서는 여러 가지 조건을 도입해야 한다. 그렇게 하지 않으면 여가는 언젠가 확실히 찾아올 '죽음'을 기다리는 시간에 불과하게 된다.

사회복지의 과제가 '생활 보장에서 삶의 보람 보장'으로 전환하고 있다고 할 때, 그것은 고령자의 경우 인생의 최종기에 있어서 남는 시간을 '발전적인 시간'으로 전환하기 위한 지원을 포함하는 것이 되지 않으면 안 된다. 최근에 이르러 평생학습에 대한 높은 관심은 고령자의 학문·취미·예능 욕구에 기반을 둔 것이다.

많은 고령자는 은퇴 이후에도 어떠한 일을 할 수 있기를 바란다. 이것은 생활을 위해서만이 아니라 삶의 보람을 획득할 수 있는 가장 확실한 방법이 일이기 때문이다. 삶의 보람이란 사회적인 개념이다. '남을 위해, 사회를 위해 어떤 역할을 한다'는 것만큼 사는 보람을 느끼게 하는 일은 없다. 기본적인 생활이 보장되면 보수는 큰 문제가 아니다.

평생학습과 자원봉사는 고령기의 여가문제에서 중요한 기둥이 된다. 전자는 종래 사회교육 서비스로 생각되어 왔으며 후자는 지역복지의 과제다. 앞으로는 양자를 총괄하는 '여가'라는 측면에서 문제를 종합적으로 파악할 필요가 있다.

2) 노동과 여가의 관계의 재검토

'노동의 세기'였던 20세기를 넘어 21세기는 생활의 자유로운 영역인 여가와 놀이가 커다란 존재감을 지니는 시대가 될 것이다. 노동시간의 단축은 원하든 원치 않든 진행될 것이다.

자유로운 시간을 자녀 키우기에 투입하거나 지역사회의 봉사활동이나 문화·스포츠활동에 사용하기 위해서는 여가창출의 역할이 중요해진다. 소득은 감소될지 모르지만, 그것을 상쇄하며 생활의 질을 높일 수 있는 여가개발프로그램이 연구되어야 하며, 여러 가지 여가활동이 전개되어야 한다.

21세기는 자유로운 시간을 기반으로 삼는 문화의 시대가 될 것이다. 그때 필요한 것은 노동의 '남은 틈'에 불과했던 20세기적인 여가 개념의 재고와 새로운 여가 개념의 창조이다. 그것은 우선 노동과 여가의 관계에 대한 재검토에서 시작되어야 한다.

새로운 사고방식은 '노동의 잔여(勞動의 殘餘)'라는 개념을 반전(反轉)시켜 '여가의 잔여로서의 노동'이라는 시각을 가져야 한다. 먼저 주어지는 것은 노동이 아니라 인간존재의 기반으로서의 자유로운 시간이다. 세상에 태어나서 죽을 때까지 우리들에게 주어진 시간은 기본적으로 무엇을 해도 좋은, 혹은 하지 않아도 좋은 자유로운 시간인 것이다.

어릴 때는 놀이에 주로 시간을 보내며 나아가 공부나 심부름 등에도 시간을 사용한다. 성장하면 일이라는 커다란 시간의 사용에 빠지게 되지만, 그 외에 가사, 육아, 학습, 스포츠나 레크리에이션에도 시간을 쓸 수 있다. 정년 후에는 일의 시간은 소멸되고 본래의 자기의 시간, 즉 여가로 회귀하게 된다.

토대가 되는 것은 여가이며, 그것이 학습이나 노동이나 가사로 변형(變形)되어 우리들의 삶을 만든다. 그런 시점에서 볼 때 여가란 모든 복지활동의 원점이라고 할 수 있다.

여가라는 개념에 대한 대전환을 가져올 수 있는 충실한 생활 혁신이야말로 대단히 중요한 과제다.

3) 복지로서의 평생학습

노동과 여가를 대비하여 바라보는 시각에 덧붙여 재검토해야 할 문제는 '학습'과 '놀이'를 대립으로 바라보는 시각을 전환해야 하는 것이다. 20세기적 개념에서는 양자는 날카롭게 대립한다. 학습은 놀이가 끝날 때 시작된다. 놀기 위해서는 '배움'에서 해방되어야 한다.

21세기의 학습은 놀이의 요소를 중시하여 놀이 자체가 목표가 되는 즐거운 학습을 지향해야 한다. 결국 21세기에 학습과 놀이는 서로 접근하여 융합되어야 할 것이다. 거기에 새로운 개념으로서 여가의 개념이 요청되는 것이다.

여기에 부합되는 용어로 널리 사용되고 있는 것이 '평생학습'이라는 말이다. 이것은 '학습'과 관련한 용어로 생각되지만, 그 실태는 결코 학교형의 교사와 학생의 관계 속에서 전개되는 밀어붙이기 식 학습이 아니다. 그것은 학습자의 주체성에 기틀을 두고서 가르치는 자와 배우는 자가 수평적인 관계에서 다이내믹하게 전개하는 것으로, 학습과 놀이가 연계된 활동이다.

이것이야말로 21세기적 여가개념이 구체화된 것의 하나로 볼 수 있다. 실제로 평생학습을 아예 '평생낙습(平生樂習)'으로 쓰는 예를 볼 수 있는데, 이는 새로운 평생학습의 본질을 단적으로 표현하는 것이라고 할 수 있다.

국내의 평생학습은 '사회교육'의 영역 아래 있는 것으로, '사회복지'와 깊은 관계를 갖고 있다고 볼 수 없었다. 그러나 오늘날 고령화 사회가 도래함으로써 사회교육 프로그램은 고령자의 참여 없이는 성립될 수 없게 되었다. 교양형의 강좌에도 고령자의 참여가 많아졌으며, 문화·스포츠·레크리에이션 프로그램에도 고령자가 넘쳐나고 있다.

여기에는 여가를 즐겁게 보내고 가치 있는 시간을 갖고 싶어하는 '복지욕구(福祉慾求)'가 뒷받침되고 있다. 학습과 복지는 깊이 관계되며 중첩되고 있다. 이제는 양자를 구별할 수도 없고, 구별할 필요도 없다. 여가활용으로서의 평생학습(평생낙습)은 참가자의 삶의 보람을 만든다는 점에서도, 주민의 상호 교류라는 견지(見地)에서도, 나아가 개호예방(介護豫防)이라는 시각에서도 복지서비스의 첫째 테마가 되고 있다.

둘째로 지금까지의 여가가 지니고 있던 문화와 스포츠라는 대립을 넘어설 필요가 있다. 넓은 의미에서 스포츠도 문화와 다름없지만, 이른바 문화활동(文化活動), 예술적(藝術的)·지적(知的) 수준의 활동과, 육체적(肉體的)·생리적(生理的) 수준의 스포츠와는 확연히 구분되어 문화와 스포츠의 거리는 대단히 큰 것이었다. 그러나 문화인은 스포츠를 행하지 않으며, 스포츠인은 문화와 무연(無緣)하다는 것은 불행한 일이다. 문화와 스포츠를 일체화하여 몸을 움직여 기분 좋게 땀을 흘리는 즐거움과 음악이나 회화(繪畫), 문예(文藝)를 즐기는 것을 하나로 묶어서 활동할 필요가 있다. 양자의 접점(接點)이 될 수 있는 폭넓고 활동적인 여가의 개념을 육성해 나가야 할 것이다.

문화와 스포츠의 연결 역할을 할 수 있는 것이 '레크리에이션'이라는 개념이다. 레크리에이션의 이미지는 노래하고 춤추며 게임을 통해 모두가 즐기는 집단적인 놀이로 정착되고 있다. 그러나 레크리에이션은 본래 '다시 만든다'는 의미로, 인간의 마음이나 몸을 다시 만들어 재생(再生)시켜 미래를 향해 뻗어나간다고 해석해야 할 것이다. 문화와 스포츠를 통합하여 의미 있는 활동으로 만들어가는 것이 레크리에이션으로, 복지 영역에서도 점점 중요한 과제가 될 것이다.

문화와 예술을 연결하는 것과 더불어 예술 속에 있는 분단도 극복되어야 한다. 예술을 특별한 창작자에 의한 '순수예술'과 그에 대비되는 일반 시민의 '대중예술'로 분리시킨 것이 20세기였다. 20세기는 예술을 전문가의 고상한 예술을 높이는 한편 저수준의 대중예능(大衆藝能)을 분리시켜 매스컴이라는 장치를 통해 예술을 대량으로 소비시키는 사회로 만들었다. 21세기에는 다시금 예술을 생활 속으로 되찾아 놀이와 예술 간에 생긴 도랑을 매워갈 필요가 있다. 이 또한 중요한 복지과제의 하나다.

4) 놀이를 기반으로 하는 문화의 창조

여가는 누구에게도 간섭받지 않는 개인의 자유로운 세계를 보장받는 것임과 동시에 사람과 사람을 연결하는 기반이 된다. 그리고 사회적 활동으로 발전할 수 있어야 한다. 즉, 시민생활, 사회생활과 결부되는 '사회적 여가'라는 시각이 중요하다.

이 사회적 여가야말로 '자원봉사활동'인 것이다. 자원봉사활동은 자진하여 다른 사람이나 사회에 도움이 되려고 하는 자유로운 무상의 활동이다. 그것은 당연히 여가를 기반으로 행해지게 마련이다. 여가는 사람들이 사회와 관계해가는 중요한 채널이다. 일이라는 채널과 달리 여가의 경우에는 아무런 강제도 없다. 자유로운 개인이 자유로운 선택 아래서 사회적으로 의미 있는 역할을 다하는 것이라고 할 수 있다. 여가를 자원봉사활동에 쓴다는 것은 사회적 인간으로서의 실감(實感)을 얻는 다시없는 좋은 기회다. 앞으로 여가는 사람이 스스로의 의지로 자유로이 행하는 자원봉사활동과 그런 활동을 하는 사람들이 창조하는 NGO와 같은 시민조직과 깊이 관련될 것이다.

그러기 위해서는 우선 일반시민의 일상생활에 있어서 '놀이'가 지닌 위치를 회복 내지 복권해야 한다. 젊은 세대에서는 놀이를 '악'이라고 생각하는 감성은 사라졌다. 모두가 놀이의 참된 가치를 이해하며 놀이와 여가의 근저(根底)에 있는 개인의 자유라는 자치를 명백히 인식해야 한다.

자유로운 놀이는 사람들의 능력을 다양하게 개화(開花)시키며, 동시에 자유로운 개인 간에 대등하고 창조적인 커뮤니케이션이 활발히 이루어지게 한다. 거기서 생기는 문화(여기서 문화에는 단순한 놀이, 게임, 스포츠, 예술, 학문, 나아가 생활을 즐기는 온갖 기술이 포함된다)야말로 우리들이 최종 목표로 삼는 것이다.

인간만이 지니는 독자적 문화를 인간들 속에 있는 차이(언어나 민족, 종교, 혹은 세계관의 차이)를 초월하여 발전시키는 일,

그것이야말로 인류사회를 평화롭고 풍요롭게 유지하게 해주는 지주(支柱)가 된다. 레크리에이션이라는 용어는 놀이를 경작하여 문화의 싹을 키우는 행위에 주어지는 명칭이어야 할 것이다.

8. 고령자의 멋 부리기

1) 고령자는 멋 부리는 데 관심이 없는가?

고령이 되어도 옷차림에 신경을 쓰는 사람은 많다. 사회생활을 계속하며 인간관계를 유지해가는 데 있어 옷차림이 중요하다는 인식을 많은 고령자들이 갖고 있기 때문일 것이다. 차림새의 정도는 고령자 개개인의 생활력(生活歷)과 크게 관계가 있다. 특히 가정 내 등 일상적 장소에서의 몸단장과 외출이나 특별한 행사 등에서의 몸단장은 다른 것이 일반적이다.

고령자에게는 고령자에게 걸맞은 차림새와 멋이 있다. 일본의 여러 백화점에서 한때 고령자용 의복이나 구두 코너를 설치한 적이 있는데, 손님의 발길이 많아지지는 않았다고 한다. 고령자용이 따로 있는 것이 아니며, 각 고령자가 자신에게 알맞다고 생각되는 차림새로 멋을 부리는 시대가 되었기 때문이다. 그리고 고령자용을 따로 제공받는 것을 바라지 않기 때문이다.

그 배경에는 고령자를 특별시(特別視)하는 사회가 존재하는 데 대한 고령자 스스로의 의식적·무의식적 반발이 있을 것이다.

차림새에는 당연히 멋을 내는 것이 포함된다. 그러나 차림새가 사회적인 요구를 많이 내포하고 있는 데 비해, 멋 내기에는 사회적 측면과 자기만족의 측면이 있다. 고령자가 멋 내기에 관심을 갖는다는 것은 사회성이 유지되고 있다는 하나의 증거라 할 수 있다. 특히 외출복에 신경을 쓴다는 것은 고령자가 다른 사람들의 시선이나 세상의 상식을 의식하고 있다는 것이다. 이것은 성별(性別)에 관계없는 사실이다.

이런 측면을 생각할 때, 차림새에 신경을 쓰지 않게 되고 외출을 하지 않게 된다는 것은 고령자가 사회성을 상실하고 있다는 하나의 신호라고 할 수 있다. 따라서 고령자의 외견(外見)을 주의하여 관찰하는 것은 고령자의 심신상태(心身狀態)를 파악하는 하나의 수단이 될 수 있다.

역으로 생각할 때 고령자가 사회성을 되찾기 위해서는 차림새에 관심을 갖게 할 필요가 있다. 특히 복지시설에 있는 고령자나 치매 고령자에 대해서는 '몸단장'에 주의를 기울이고 사회에 관심을 갖도록 함으로써 사회성을 회복하는 것이 가능하지 않을까도 생각된다. 실제로 효과가 있다는 조사결과도 보고되고 있다.

2) 매력적인 자신을 적극적으로 연출하라

앞에서도 말했지만, 고령자일수록 밝고 화려한 색의 옷을 입어야 한다는 것이 나의 생각이다. 우리나라 고령자들은 옷차림이 너무 수수하다. 우리의 고령자들도 이제는 겉모습을 아름답게 꾸미려는 마음가짐이 필요하다. 고령자가 멋을 부린다고 해서 가족이나 주위 사람들이 주책이라고 해서는 안 된다. 나아가 어떻든 원하는 대로 멋을 내며 자신에게 어울리는 패션을 추구하는 것은 정신건강에도 대단히 좋은 일이다.

복장에는 두 가지 목적이 있다. 위생적(衛生的)인 목적으로 인체를 치장하는 것과 사회적 목적으로 옷차림을 하는 것이 그것이다. 그 이상의 옷차림은 개성의 표현으로서의 의미가 크다.

고령자가 아름답게 단장하기 위해서 중요한 것은 우선 좋아하는 옷을 자유롭게 입는 것이다. 복장이란 개성 혹은 각자의 미의식(美意識)이 꽃피었을 때 즐겁고 멋진 것이 된다. 그런 뜻에서 자기가 좋아하는 것, 자신에게 가장 잘 어울리는 것을 알아내는 것이 중요하다.

그러기 위해서는 지금까지의 유행이나 스타일에 구애받지 말고 원하는 대로 자유롭게 입어야 한다. 이것은 정신의 자유로움을 표현하는 일이다. 나아가 각자의 개성을 잘 살리는 것이 중요하다. 나이를 먹어감에 따라 얼굴이나 체형(體型)은 개성적이 되어간다. 그만큼 각자의 개성에 어울리는 토털패션을 연출할 필요가 있다. 자신에게 어울린다고 생각된다면 거침없이 대담하게 표현하는 것도 좋다. 모자와 액세서리 등을 잘 사용하여 개성적인 연출을 즐겨보자.

고령자에게는 밝은 색이 잘 어울린다. 그런 색을 부끄럽게 생각하지 않고 입을 때 자신의 기분도 환해지며 주위 사람들의 기분도 밝아진다.

멋을 부리는 것은 여성들만의 특권은 아니다. 남성들도 젊음이 넘치는 복장, 밝은 색의 복장으로 멋을 부리다 보면 기분도 달라지게 마련이다. TV에 출연하는 또래의 사람들을 참고하여 자기 나름의 개성을 연출해보면 어떨까?

부언하고 싶은 것은 집에 있는 시간이 많은 고령자는 집에서 입는 옷에도 신경을 써야 한다는 점이다. 하루 종일 잠옷 바람으로 지내는 사람도 있지만, 주변을 밝게 하는 복장을 한다면 더 좋지 않을까?

3) 매력 있는 고령자로서 소비활동을 즐기자

'매력 있는 여성', '씩씩한 청년', '사랑스러운 아이' 등 제각기 연령에 알맞은 이상적인 개념이 있다. 그런데 고령자와 관련해서는 '경로'라는 말은 있어도 '호로(好老)', '애로(愛

老)'라는 단어는 없다. 앞으로는 '매력 있는 고령자', '열정적인 노인', '사랑받는 노인'을 지향해야 한다.

오늘의 고령자는 과거에 비해 실용적 가치는 감소되었다. 지난날에는 고령자들로부터 배워야 할 노하우가 많았다. 오랫동안 축적한 '생활의 지혜'는 대단히 귀중한 것이었다. 오늘날의 아이들에게는 조부모의 필요성이 약해졌다. 손자들에게 오늘날의 고령자는 그다지 '매력 있는 존재'라고 할 수 없다.

이웃과 친척들과의 만남도 드물어졌다. 장례나 결혼식에 대해 자문할 필요도 없어졌다. 그런 일은 모두 업자가 해주기 때문이다. 자녀 세대에게 물려줄 수 있는 소프트웨어(이용기술)나 휴먼웨어(대인기술)는 남아 있지 않다. 고령자가 남길 수 있는 것은 돈뿐이다. 고령자가 소비를 억제하고 저축에 힘쓰는 커다란 원인이 여기에 있다.

'매력 있는 고령자'가 되기 위해서는 오랜 경험과 많은 지식과 그것을 전달할 수 있는 표현력을 지녀야 한다. 젊은 세대들도 고령자의 기억과 경험에서 배우고자 하는 마음이 있다. 그 욕구에 지나치지 않을 정도로 잘 대응한다면 매력적이 될 수 있다.

고령자는 젊어질 수 없다. 젊은이와 신체기능이나 체력으로 경쟁할 수는 없다. 그런 만큼 젊은이는 할 수 없는 경험을 축적하는 것이 매력의 원천이 될 수 있지 않을까?

또 하나, 고령자는 또래 친구들을 많이 만들어서 고령기를 함께 즐길 수 있는 인맥을 넓혀가는 것이 대단히 중요하다. 그러기 위해서는 돈을 아끼지 말고 좀더 자신을 매력적으로 만드는 데 투자해야 한다. 몇 살이 되어도 더욱 '매력 있는 인간'이 되기 위한 투자는 대단히 중요하다.

　매력 있는 자신을 적극적으로 연출하기 위해서는 소비를 즐기는 생활태도가 필요하다. 멋있는 의상을 구입하고, 가고 싶은 여행을 하는 등 소비활동을 즐기는 것이 제2의 인생을 더욱 빛나게 할 것이다. 더구나 자식에게 돈을 남겨줄 생각을 버리고 자신을 위해 소비하는 태도를 지향(志向)하는 것은 자식의 자립정신을 키우는 동기가 될 것이고, 고령자의 소비확대는 우리 경제의 활성화에도 도움이 될 것이다.

9. 고령자 학대와 그 대응방안

　'자신들을 키워주고 은혜를 베푼 어버이를 욕한다거나 밥을 주지 않는다거나 심지어 구타한다거나 하는 행동을 하는 사람들은 도대체 어떤 인간들일까?' 하고 생각하는 것은 극히 자연스러운 감정이다. 그러나 일부에서는 학대하는 쪽도 '괴로운 생각을 지니고 있는 사람들'은 아닐까 하고 지적한다.

　아동학대와 달리 고령자 학대는 고령자와 학대자 간에 긴 역사가 가로놓여 있다. 서로가 상처받은 과거를 지니고 있고 심리적 갈등이 있음에도 불구하고, 늙은 어버이를 부양하지 않을 수 없어서 바라지 않는 부양을 떠맡은 경우도 있을 것이다. 그렇게 부양을 받아들임으로써 가족의 생활설계를 크게 바꿔야 하는 경우도 있을 것이다. 학대자의 대부분은 부양자이며, 부양에 대한 부담 때문에 스트레스를 받고 있는 사람들인 것이다.

　지금까지 노인 보호에 주도적 역할을 담당했던 여성(주로 며느리와 딸)들의 사회진출이 현저히 증가하고 있다는 것도 큰 문제다. 직장생활과 집안일을 동시에 하며 거동이 불편한 노인까지 부양하는 과정에서 발생되는 스트레스는 노인학대로 이어질 가능성이 높다.

또한 고령자의 대부분은 정치적·사회적으로 불행한 시대에 젊은 시절을 보냈기 때문에 연금혜택을 받는 경우도 적고, 자녀의 교육과 결혼에 거의 모든 재산을 투자했기 때문에 경제적으로도 자녀에게 의존해야 하는 상태에 처해 있는 경우가 많다. 따라서 고령자들의 정신적·신체적·경제적 의존은 사회적 윤리체계의 변화로 점차 쇠퇴해가는 부양의식의 감퇴 속에서 부양자의 부담만을 더욱 가중시킴으로써 노인들을 학대의 위험성에 노출시켰다.

고령자 학대는 잠재화(潛在化)되기 쉽기 때문에 그 발생건수를 정확하게 파악하기는 대단히 어려우며, 조사와 연구도 최근에 이르러서야 이루어지기 시작했다. 고령자 학대의 유형은 다음과 같이 여섯 가지로 분류할 수 있다. ① 신체적 학대(physical abuse), ② 성적 학대(sexual abuse), ③ 정서적·심리적 학대(emotional abuse/ psychological abuse), ④ 방임(放任)·방치(放置)(neglect), ⑤ 재산 착취(financial or material abuse), ⑥ 감금(confinement) 등이다.

이상의 행위들을 얼마나 자주, 어떤 상태에서 행했을 때 학대로 인정할 수 있는가 하는 것도 문제다. 일반적인 판단의 기준은 첫째, 고령자 자신이 고통으로 느끼는지 여부, 둘째, 상식적으로 보아 '이것은 심하다. 나라면 도저히 견딜 수 없다.' 라고 느끼는지 여부다. 판단이 어려울 경우에도 위험한 케이스로서 대응할 필요가 있다.

고령자 학대의 발생 원인으로는 ① 부양자의 심신의 스트레스, ② 고령자의 장애 및 질병, 성격, ③ 세대간 폭력관계의 순환, ④ 많은 요인의 복합과 가족관계, ⑤ 폐쇄적인 기질과 관습, 환경 등이 지적되고 있다.

또한 고령자 학대의 증가요인으로 다음과 같은 몇 가지를 들 수 있다.

첫째, 부양 및 가족적 요인이다. 고령화에 의한 고령자의 증가, 질병구조의 변화와 그에 따른 부양대상자의 증가, 가족구성의 변화, 여성의 사회진출에 따른 부양력의 저하 등이다.

둘째, 심리적 · 가치관적 요인이다. 즉, 노부모 부양에 대한 생각의 변화, 능률주의적 가치관(能率主義的 價値觀)과 고령자관의 변화, 가족 중심에서 개인 중심으로의 변화 등이다.

셋째는 사회적 요인이다. 고령자 세대의 고립화와 학대의 잠재화(潛在化), 이웃을 돌보지 않는 지역사회 구조의 변화, 재가(在家)치유시스템이나 서비스의 불비(不備) 등이 지적되고 있다.

이상 지적한 고령자 학대의 원인에 근거하여 피학대자의 특성을 다음과 같이 요약해볼 수 있다. 피학대자의 특성은 ① 신체적·정신적 건강상태가 나쁘고, ② 경제적으로 어렵고, ③ 초고령자이고, ④ 부양자에게 신체적·정신적·경제적으로 지나치게 의존하고, ⑤ 피부양자를 공격하거나 무절제한 행동을 하고, ⑥ 배우자 외의 다른 가족과 함께 살고 있다는 것이다.

한편 학대자의 특성은 ① 가난하여 부모에게 경제적으로 의존하고, ② 알코올 또는 마약에 중독되어 사리분별이 불가능하고, ③ 자기 자신에 대한 자부심이 없고, ④ 젊고, ⑤ 과거와 현재에 부모와의 관계가 원만하지 않은 경우 등이다.

일본의 경우, 2003~2004년 후생·노동성 조사에 따르면 학대의 상태는 다음과 같다. 학대자의 비율은 아들 32.1%, 며느리 20.6%, 딸 16.3%, 아내 8.5% 등이다. 학대자의 90% 정도가 고령자와 동거하고 있으며, 고령자와의 접촉시간이 긴 사람들이다. 또한 60%는 주된 수발자로서 노부모의 수발을 들고 있는 사람들이었다.

학대의 내용은 몇 가지가 중복되고 있는 경우가 많지만, 많은 순으로 정리하면 심리적 학대 63.6%, 부모를 보살피는 것을 포기하거나 방임하는 경우 52.4%, 신체적 학대 50.0%, 경제적 학대 22.4%, 성적 학대 1.3% 등이다.

노인학대는 다른 어떤 노인문제보다 심각한 문제이며, 방관

해서는 안 되는 중요한 문제다. 우리나라에서는 이 분야에 대한 연구와 실태조사가 활발히 진행되지 않아 정확한 노인학대의 실태를 파악할 수 없지만, 가정과 시설을 포함하여 우리나라 전체 노인의 약 10% 내외가 학대를 당하고 있는 것으로 추정해볼 수 있다. 2000년 현재 우리나라의 60세 이상 노인을 약 520만 명이라고 할 때, 학대를 받고 있는 고령자는 52만 명 정도로 추산된다.

고령인구의 지속적인 증가, 특히 와상상태의 고령인구의 급속한 증가와 젊은 세대들의 노인부양 의식 감퇴, 그리고 부양이 어려워지는 사회적 환경은 학대문제를 더욱 가중시키고 있다.

고령자 학대의 예방을 위한 시책으로는 다음과 같은 것을 들 수 있다.

첫째, 당사자에 대한 시급한 대응으로서 고령자 학대의 피해자나 가해자에 대한 치료가 필요하다. 특히 친자관계에 문제가 있다거나 알코올 중독이거나 정신장애가 있는 경우에는 전문적인 대응이 필요하다. 더구나 긴급한 경우에는 고령자와 가해자를 일시적으로 분리시켜 고령자의 안전을 도모할 필요가 있다.

둘째, 상담창구의 정비와 정보파악시스템의 확립을 들 수 있다. 상담창구는 부담 없이 상담할 수 있는 환경을 갖추고 있어야 하고, 정보파악시스템의 기능을 지녀야 한다.

셋째, 노인학대는 어느 정도 부양자가 받는 스트레스와 관계가 있으므로, 가족에 대한 노인의 의존성을 줄일 수 있는 사회복지프로그램을 개발하거나 기존의 프로그램을 더욱 보강할 필요가 있다. 예를 들어 휴식보호서비스, 단기보호사업, 주간보호사업, 노인보호소, 전문의료서비스, 가정봉사원 파견사업 등을 통해 지원해주는 방안이 있다.

넷째, 노인학대를 사회문제로 인식시키기 위한 대국민 홍보와 교육을 실시해야 한다. 즉, 고령자 가족을 포함한 시민들에게 사회적 약자인 고령자와 장애인에 대한 인권옹호의식의 중요성을 알려 고령자 학대 문제에 대한 사회적 관심을 높일 필요가 있다.

우리나라에서 고령자 학대를 생각할 때는 고령자를 보살피고 있는 가족을 어떻게 지원하는가 하는 시각이 대단히 중요하다. 고령자·학대자 쌍방과 접할 수 있는 입장에 있는 경우에는 비판하기보다는 그들의 이야기에 귀를 기울여 쌍방의 기분을 이해하기 위해 노력하며, 향후의 방침을 세우는 데 필요한 정보를 얻는 일이 중요하다.

고령자도 능동적이고 적극적인 자세로 학대에 대응해야 한다. 이를 위해 노인권익보호운동의 일환으로 노인들의 인식전환을 위한 교육과 홍보를 실시해야 한다. 이와 함께 사회복지관이나 노인복지관에서는 학대와 관련한 상담서비스를 제공해야 한다.

10. 마음의 장벽을 넘어서 나아가자

1) 노화는 언제부터 시작되는가?

노화를 생리학적으로 파악한다면, 이 세상에 태어날 때부터 인체의 세포는 감소하기 시작하기 때문에 세상에 태어나는 것 자체를 노화의 시작이라고도 할 수 있다. 그런데 생물학적·생리학적으로 볼 때 인간은 18세에 그 절정을 맞이한다고 한다. 예컨대 수영이나 마라톤 같은 격렬한 운동을 할 때 아무리 연습이 고될지라도 18세 정도의 선수라면 곧 회복이 된다. 단거리 주자나 수영선수가 체력적으로 가장 여유가 있어 기록을 경신하기 쉬운 것도 이 연령 전후라고 한다.

그런데 생물학적·생리학적 노화의 경향이 18세 이후부터 서서히 진행되어 왔더라도, 자기 스스로 늙음을 인식하는 것과는 다른 문제다. 본인 스스로 '나이를 먹었다', '노인이 되었다'라고 인식하는 것은 언제일까?

실은 이것은 사회적으로 생기는 일에 의해 외부에서 만들어 진다고 할 수 있다. "당신은 언제부터 나이를 먹었다고 느낍니까?"라고 묻는다면 대부분의 사람들은 "정년이 되어 퇴직했을 때부터요."라고 답할 것이다. 스스로는 나이를 느끼지 않더라도 '당신은 이제 나이가 먹었기 때문에 직장에서 더 이상 일할 수 없다'는 선고를 받기 때문에 나이를 먹었다고 느끼지 않을 수 없는 것이다. 대개 55·60세 정도가 정년이기 때문에 그때부터 '나이 먹었다'고 인식하게 된다고 할 수 있다.

또한 전업주부는 아이들이 성인이 되어 독립할 때부터 '나이를 먹었다'고 느끼는 경우가 많다. 막내아이를 결혼시키고 나면 '내 인생은 일단락(一段落)되었다. 이제 앞으로 어떻게 노후를 지낼까?' 하고 생각하는 것이다.

어느 경우든 자신이 활동기에 열중한 것이 사회적으로 일단락되었을 때, 혹은 일단락을 당했을 때 늙었다는 것을 느끼지 않을 수 없게 되는 것이다.

그러나 정년을 맞거나 자녀 양육을 다했을 때 스스로 나이를 먹었다고 의식하지 말고 그것은 인생의 한 단락이나 통과점이며 '지금부터 새로운 인생이 시작된다'고 생각해야 한다.

더구나 늙음에는 개인차(個人差)가 있다. 그 차가 대단히 큰 경우도 있다. 정년 후, 혹은 자녀를 독립시킨 후에 방심상태가 되어 멍청한 채로 일을 놓아서 노화의 길로 접어드는 사람도 있다. 한편, 힘차게 새로운 것에 도전하여 생기 넘치고 빛나게 사는 사람도 있다. 그 차이는 그들의 의식의 차이, 마음가짐의 차이에 있다는 것을 명심해야 한다.

2) 정신능력(精神能力)에는 정년이 없다

인간은 무한히 젊음을 지닐 수는 없다. 개인차나 사회적 차이는 있을지라도 확실히 모든 사람들이 노화의 길을 걷는다. 그것은 부끄러운 일도 아니며, 불행한 일이라고 생각할 필요도 없다. 늙는다는 것은 자연스러운 일이며 당연한 일이다. 늙음을 응시하며 늙음을 즐기는 태도가 중요하다. 나이를 먹어도 자기가 생각하는 것만큼 늙지 않았다고 생각할 필요가 있다. 장년부터 노후라고 생각하지 말고 제2의 인생의 출발이라고 전향적으로 생각해야 한다.

확실히 치력이나 기억력에서 고령자는 젊은 사람에게 당할 수 없다. 그러나 정신능력, 철학적 능력 등을 포함한 종합적 능력에서는 고령자가 훨씬 우위에 있다. 또한 쇠퇴한 기억력을 상쇄할 수 있을 만큼의 지혜와 사회성도 지니고 있다.

고령이 되면 자칫 일상생활에서도 소극적인 태도를 갖는 경우가 많다. "이제 젊지 않으니까…", "이 나이에는 무리라서…" 등 자기가 스스로를 제한해버리는 것이다.

장애인 올림픽의 창시자 L. 구트만(Ludwig Guttmann)은 이렇게 말하고 있다. "잃어버린 것에 집착하지 말고 남아 있는 것을 살리자." 즉, 장애를 지니게 된 사람이 상실한 기능에 집착해봐야 아무런 쓸모가 없다. 그것보다는 남아 있는 것을 살릴 생각을 하라는 것이다. 그 정신을 받아들여 장애인들 가운데에는 자신이 지닌 기능을 살려 장애인올림픽에서 스포츠에 정열적으로 도전하고 있는 사람들이 많다.

고령자들은 바로 그런 정신을 배워야 한다. 잃어버린 것에 집착하다 보면 나이를 먹음에 따라 잃는 것의 수가 많아지기 때문에 집착은 끝이 없다. 그러나 살아 있는 한 남아 있는 것이 반드시 있게 마련이다. 그 남아 있는 것을 최대한으로 살려 싱싱하게 살아가는 것이 현명하지 않을까?

3) 힘을 내서 사회를 변화시키자

오늘날 사회 전체가 고령자를 배려하지 않는 면이 적지 않다. 더구나 사회의 의식에는 '고령자는 쓸모가 없다', '느릿느릿 걸어서 방해가 된다' 등의 생각이 깔려 있다. 어느 대학에서 학생들을 대상으로 고령자의 이미지에 대해 조사를 실시한 결과, '냄새가 난다', '더럽다' 등의 이미지가 많았다고 한다.

앞으로 고령사회를 살아가야 할 사람들은 스스로의 힘으로 사회를 변화시켜야 하며, 스스로 마음의 배리어, 장애를 넘어서 나아가야 한다. 고령자 문제와 관련하여 '배리어 프리(barrier free; 장애를 벗어난다는 뜻)'라는 용어가 있다. 그 용어는 일반적으로 주택이나 도시설계 등에서 단차(段差)나 칸막이 등의 장애를 없앤다는 뜻으로 사용된다. '배리어 프리'에는 그렇게 주택이나 도시를 포함한 하드웨어 측면에서의 배리어 프리도 있지만, '마음의 배리어 프리'도 대단히 중요하다.

물리적 배리어는 어느 정도 경제적 투자를 하면 해소될 가능성이 있다. 그러나 편견이나 차별은 쉽게 해소되지 않는다. 즉, 늙는다는 것, 고령이 된다는 것에 대해 사회는 여러 가지 차별이나 편견의 눈을 가지고 있다. 그런 것에 대해 마음의 배리어를 넘어서는 것이 중요하다.

세간에서는 고령자에 대해 "나이 생각 안 하고!" 등의 말을 하며 행동을 제한해버리는 경우가 많다. 고령자의 건강을 생각해서 그러는 경우도 있지만, 대부분은 '고령이 되어서는 그러한 행동은 해서는 안 된다'라는 편견에 의한 경우가 많다.

예컨대 고령이 되어 배우자가 사망한 후 새로운 상대를 찾아 제2의 인생을 시작하려는 고령자들이 많아지고 있지만, 주위 사람들은 그런 사람들에 대한 이해가 적다. "그 나이에… 꼴불견이다."라고 말하는 사람들도 있다. 심지어 자녀들까지도.

또한 고령이 되어 화려한 복장을 하거나 젊게 보이는 패션을 하고 있으면 "볼품사납다."고 험담을 하는 사람들이 있다. 또한 "저러고 놀러 다니면서 무슨 짓을 하는 건지 모르겠다." 등의 험담을 하는 사람들도 있다. 고령자들은 그런 지각없는 말에 기가 죽어 자기 마음대로 옷도 입지 못하는 것이다.

그러나 좋아하는 옷을 입는다는 것이 남에게 폐를 끼치는 일은 아니다. 자기가 멋있다고 생각하는 차림새라면 너무 남의 눈을 의식할 필요는 없다. 될 수 있는 한 기분이 밝아지는 복장을 하려는 마음을 갖고 때로는 모험적인 치장을 해보면 패션감각도 연마되며 멋 부리는 것이 즐거움이 되기도 한다.

몇 살이 되더라도 스스로 납득할 수 있는 인생을 열심히 살아나가면 된다. 예컨대 일을 구하다가 고령을 이유로 거절당하더라도 스스로 나이를 먹었기 때문에 거절당했다고 생각하지 말아야 한다. '그곳은 나를 이해하지 못하는 곳이니까 가지 않는게 좋겠어'라고 생각하는 것이 중요하다.

사실 서구 사람들은 그런 생각을 하고 있다. 서구에는 연령을 이유로 일을 거절한다거나 해고하는 것을 금지하는 법률이 정비된 나라들도 있다. 머지않은 장래에 우리도 그렇게 될 것이다. 아니, 그렇게 되어야 한다. 그런 때가 오면 지금처럼 고령자를 업신여기는 풍조가 있었다는 사실을 믿기 힘들어질 것이다. 그런 사회를 위해서는 고령자들이 먼저 의식을 바꿔가야 하지 않을까?

제3장

고령자 심리의 이해

I. 고령자 심리 연구의 필요성*

1) 고령자 심리 연구의 필요성

오늘날 고령화 사회에 진입한 국가들이 당면한 가장 큰 과제는 고령자에 대한 보살핌의 문제다. 그것은 21세기에 있어서 인류의 생활문화로 추구되어야 할 중요한 과제다. 그런 차원에서 고령자의 심리에 관한 깊은 이해가 필요하게 되었다. 그 이유로 다음 네 가지를 들 수 있다.

첫째, 고령자에 대한 원조자원(援助資源)이다. 원조기술(援助技術)은 향상되고 있지만, 원조에 따른 마음의 부분은 종래 원조자의 인간적인 감이나 경험의 중첩으로 충족시켜왔다. 그런데 앞으로는 고령자의 심리적 특성에 대한 지식을 보완함으로써 원조자가 지녀온 '감'이나 '기술'이나 '경험'이 보편성

* 進藤貴子, 高齡者の心理, 一橋出版, 2004, pp. 3-4.

(普遍性)을 지니게 하며 또한 선입관의 부분이 수정되어 좀더 많은 고령자를 돕는 데 활용할 수 있어야 한다.

정성이 담긴 원조를 위해서는 개인에 따라 상이한 주관(主觀)의 세계를 파악해야 한다. 예컨대 누군가로부터 외출에 동반해준다든지 옷을 갈아입혀준다든지 하는 도움을 받았을 때 감사하는 사람이 있는가 하면, 자신의 무력함을 한탄하는 사람도 있을 것이다.

이러한 문제점을 터득하여 원조의 질을 높이는 것은 고령자를 위해서뿐만 아니라 우리를 위해서도 대단히 중요한 일이다. 원조를 행하는 측에서도 정신보건이나 인력발달 면에서 많은 것을 얻을 수 있기 때문이다. 고령자에게 질 높은 원조를 제공하는 것은 원조자들에게 가치 있는 학습의 기회가 되며, 나아가 자신의 노후에 대한 불안을 감소시켜줄 수 있다는 것이 두 번째 이유다.

세 번째 이유는 우리들 자신의 노화 혹은 가까운 사람들의 노화에 대비해야 한다는 것이다. 평균수명이 신장되고 있는 오늘날 우리는 어차피 만나게 될 노화에 대해 당황하기보다는 전향적(前向的)으로 받아들이고 체험해야 할 것이다.

죽음을 좀더 잘 맞이하기 위해서뿐만 아니라 풍요한 삶을 찾기 위해서도 '죽음의 준비교육(death education)'이 도움이 된다. 죽음에 대해 도움을 줌으로써 깊은 정서와 공감을 육성

할 수 있는 것이다. 같은 맥락에서 '노화의 준비교육(aging education)'도 대단히 필요하다고 생각된다.

2) 인생의 단계에 있어서 '노년기', '고령기'

노년기는 인생의 최후 시기로 여겨진다. 일반적으로 노령연금 수령 연령인 65세 이상을 노년기로 생각한다. 따라서 노년기라 하면 상당히 넓은 연령층이 포함된다. 예컨대 65세도, 90세도 모두 노년기에 포함되는데, 그러면 어버이와 자식, 혹은 그 이상의 연령차를 지닌 사람들이 모두 노년기에 포함된다는 문제가 생긴다.

비슷한 시대적 · 사회적 배경 속에서 자란 일군(一群)의 사람들을 코호드(동시출생집단, 同時出生集團)라고 부르는데, 오늘날의 노년기에는 몇 개의 코호드가 포함된다. 사회학적으로 이질적인 몇 무리를 하나로 묶어서 '고령자'라고 칭하는 것이다.

그래서 편의상 노년기를 75세에서 나누어 전반을 '노년 전기(young old)', 후반을 '노년 후기(old old)'로 구별하고 있다. 노화의 문제를 여러 가지 측면에서 연구한 결과를 보면 전기와 후기에는 커다란 상이점이 있다. 따라서 고령자 전체의 평균치(平均値)로 사물(事物)을 설명한다는 것은 상당한 무리가 있다고 하지 않을 수 없다.

3) 노년기와 개인차(個人差)

인생 초기에는 발달이나 성장이 빠르거나 늦는 경우는 있을지라도 대개 비슷한 코스를 걷는다. 그래서 예컨대 초등학교 고학년 아동이나 20세 전후의 사람 등에 대해서는 그 연령다운 생활모습을 상상할 수 있는 것이다. 그러던 것이 초로(初老)의 50대가 되면 개인에 따라 건강도(健康度)나 라이프스타일에 있어서 큰 차이를 보이게 된다.

노년기라 불리는 연령은 그 폭이 넓어서 신체의 활동성이나 사회에의 참여도(參與度)에 상당한 개인차(個人差)가 나타난다. 예컨대 같은 70세라 하더라도 60세보다 젊은 사람도 있을 것이다. 그 가운데는 아직까지 사회적으로 지도적 입장에서 내려오지 못하는 사람이 있는가 하면, 이미 신체적 정신적 장애를 지니고 있어 일상생활의 모든 면에서 다른 사람들의 보살핌이 필요한 사람도 있다. 따라서 노년기를 연령만으로 특징짓는다는 것은 무리가 아닐까?

이와 같이 개인차는 나이를 먹음에 따라 확대되어가는 경향이 있다. 따라서 고령자 한 사람 한 사람을 그 사람의 역사와 더불어 관찰하는 태도가 필요하다. 그러지 못하면 노년기를 전기 후기 정도로라도 나누는 것이 차선의 방법이라고 할 수 있다.

4) 노년 연구의 어려움

노년기라는 인생의 한 단계를 파악하려면 무엇보다도 고령자라는 집단이 동질(同質)적이고 한결같은 집단이 아니라는 점을 배려(配慮)해야 한다. 아이들이나 청년들에 대한 연구라면 학교로 일반적인 데이터가 다수 모이지만, 고령자에 대해서는 기대하기 힘든 일이다.

물론 시설에 입주해 있는 고령자들이라면 한꺼번에 많은 사람들의 데이터를 얻을 수 있다. 그러나 그것으로 고령자 일반(一般)을 이야기할 수는 없다. 시설에 있는 노인의 평균상은 고령자 전체의 평균상에 비해 ADL(Activity of Daily Living; 일상생활동작)의 자립도가 낮으며, 유병률(有病率)이 높고, 정신적인 활동성이 낮고, 의존성(依存性)이 높다고 생각되기 때문이다. 어느 특정 고령자를 보고 얻는 인상을 무리하게 일반화하지 않는 것이 중요한 것이다.

2. 발달관(發達觀)과 노년관(老年觀)*

1) 두 가지 발달관

노년이란 이미지는 아이가 탄생했을 때의 미숙한 단계에서 성장을 거듭하여 완숙에 가까운 모습에 이른 후, 거기에서 언덕을 내려오듯 서서히 쇠퇴하여 최후에는 죽음으로 향한다는 산형(山型)의 발달관을 생각할 수 있다. 20세 전후에 인간의 제능력이 정점에 달하고, 그 뒤에는 나이와 더불어 서서히 여러 능력이 저하한다고 보는 것이다.

성년기 이후 나이를 먹어감에 따라 인간은 쇠퇴일로인가 하면 그렇지 않다. 고령자도 젊은 사람보다 더 뛰어난 것을 지니고 있게 마련이다. 그것은 지혜(知慧)이며, 경험에 의한 판단의 정확성이기도 하다.

---

* 上揭書, pp. 19-31 참조.

또 하나의 발달관은 노년기를 완성기로 보는 견해이다. 인생의 후반을 내리막으로, 단지 상실의 과정으로 보는 것이 아니라 어떤 상승적(上昇的) 의미를 지니고 있다고 설파하는 학자들도 많다. 대표적인 학자들의 견해를 소개한다.

2) C. G. 융의 발달관

노년기를 인간의 완성기로 보는 시점(視點)을 심리학에 도입한 선각자로 융(C. G. Jung)을 들 수 있다. 융은 심리학자이자 정신과 의사였다. 그는 무의식과 의식이 균형을 취하여 존재한다는 것, 그리고 사람은 본능적인 자기실현(自己實現)의 힘을 갖추고 있다는 것에 대해 깊이 고찰했다.

융은 성장이나 쇠퇴를 포함하여 그 사람이 갖고 태어난 가능성을 충분히 살펴나가는 것이 중요하다고 강조했다. 그리고 사람은 일생에 걸쳐 자신의 전체성(全體性)을 실현시켜간다고 논했다. 인생의 전반과 후반에 있어서 사는 목표도, 사물의 사정도 변해가는 것으로, 각 시기에 알맞은 자세로 살아가는 것이 중요하다고 했다.

그는 인생 전반기의 목표는 이 세상과 이 사회 속에서 좀더 질(質) 높게 생활할 수 있는 힘을 확립하는 것이라고 했다. 인생의 후반기에 접어드는 시기, 즉, 중년에서 장년기에는 생활력이 최고조에 달하며, 동시에 자신이 인생의 반환점에 와 있다는 것을 알게 된다. 융은 이 시기를 '인생의 정오'라고 부르며 태양이 동쪽에서 서쪽으로 이행함에 따라 인생의 역(逆)의 면에 빛이 비춰진다고 비유하고 있다. 즉, 그때까지의 가치의 중심은 외계(外界)에 있었으나, 이제는 내계(內界)로 빛이 쪼이게 된다는 것이다. 따라서 내면적 성숙(內面的 成熟)은 인생 후반에서야 이뤄진다고 했다.

인생의 전반에는 상승하는 것에 힘껏 몰두하는 것이 중요하지만, 인생의 후반에는 '나의 사는 방식이 과연 바람직했나?' 하고 물어보는 것이다. 그리하여 못 다한 자신의 가능성을 찾아내어 일면적이었던 시각에 깊이를 찾아내는 것이다. 이처럼 죽을 때까지 인간은 자기실현의 길을 찾아가는 것이다.

또한 융은 인간의 마음에 보편적으로 존재하고 있는 원형(元型, archetype)의 하나로 '노현자(老賢者)'의 원형이 있다고 했다. 즉, 누구의 마음속에도 '지혜가 가득한 노인'이 살고 있다는 것이다. 우리들이 문득 생각지도 못한 지혜나 전망을 얻을 수 있는 것은 그 노인과의 대화를 통한 것일지 모른다는 것이다. 이와 같이 융은 노화에 특유한 가치를 적극적으로 찾아내려고 했다.

3) 레빈슨의 인생관

레빈슨(Levinson, 미국의 발달심리학자)은 사람의 일생을 '인생의 계절(人生의 季節, The Seasons)'로 부르고 있다. 한 사람의 인생은 이행기(과도기)를 사이에 두고 네 개의 계절로 이루어진다는 것을 40인의 개인사(個人史)를 청취·작성하는 '전기적 면접법(傳記的 面接法)' 속에서 찾아냈다.

각각의 계절은 생활구조를 달리하고 있으며, 그 사이의 과도기를 통과하여 이전의 인생을 돌아보고 새로운 발달과제로 나아가는 것이다. 그는 자연의 사계(四季)는 돌아오지만 인생의 사계절은 한 번씩뿐이라고 했다. 그래도 겨울에는 씨가 떨어져(죽음)도 다음 봄에는 싹이 된다(삶)고 하는 생명의 순환을 그릴 수 있다고 했다. 이렇게 생각할 때 '라이프사이클'에서 다음 세대로 이어가며 계속되는 '생명순환(生命循環)'이라는 의미가 생긴다. 개인의 죽음은 소멸인가, 혹은 '세대연관(世代聯關)'의 일부인가라는 새로운 물음이 가능해지는 것이다.

노년기는 위에서 논의한 바와 같이 '사(死) = 무(無)'에 이르는 쇠퇴의 시기로 파악될 수도 있고, 인격의 어느 측면에 있어서는 완성기(完成期)이기도 하며, 다음 세대로 생명을 이어간다는 계승기(繼承期)라고도 할 수 있다.

4) 행복한 노화의 조건

이와 같이 여러 가지 의미로 생각할 수 있는 노년기이지만 고령자 자신이 이러한 깊은 의미를 느끼며 마음 푸근하게 나이를 먹어가는 것을 '행복한 노화(Successful Aging)'라고 일컫고 있다.

로튼(M. P. Lawton)은 노년기의 행복감은 자기 자신에 대한 만족감, 자신의 거처가 확보되고 있다는 것, 변화시킬 수 없는 것(자신의 과거와 생물학적인 노화, 죽음)이 존재한다는 것을 수용하는 것 등 세 가지 측면에서 성립되고 있다고 생각했다.

로튼은 이러한 생각을 기틀로 'PGC(필라델피아 노년학센터) 모럴 스케일(사기 척도)'을 작성하여 노년기의 내적 · 정서적 행복감의 측정을 시도했다. 이 연구에 따르면 건강한 사람, 일상생활에 부자유가 없는 사람(ADL이 높은 사람)이 고득점을 얻었다. 그 밖에 '역할이 있다, 대인관계를 잘 유지한다, 사회에 적극적으로 참여하고 있다' 등의 특성을 지닌 고령자가 고득점을 얻었다.

"나이 많은 어버이에게는 볼 일을 부탁하는 것이 효행이다."라는 말이 있다. 가정 내의 조그마한 역할이라도 고령자에게는 삶의 보람을 유지하는 데 도움이 되는 것이다.

고령자가 행복하며 쾌활한 생활을 할 수 있게 하기 위해서는

'신체의 건강', '대인관계에 대한 관심', '사회 참가의 기회'를 유지할 수 있도록 유의하면서 원조하는 것이 중요함을 알 수 있다.

대인관계에 있어서는 직업이나 공적인 인간관계보다는 가족이나 친구와 같은 사적인 관계가 충실한지 여부가 노년기의 행복감과 밀접한 관계가 있다고 한다. 사적인 관계 중에서도 부득이 사귀어야 하는 상대보다도 자신이 선택하여 스스로 사귀는 관계 쪽이 만족감이 높다.

5) 활동이론(活動理論)과 이탈이론(離脫理論)

이러한 연구가 진행된 배후에는 하나의 논쟁이 있었다. 그것은 고령자에게 사회참여를 촉구하는 쪽이 좋은가, 혹은 무리하게 사회참여를 촉구하는 것이 무의미한 일인가에 대한 논쟁이었다.

전자와 같은 생각에 선 노년관을 총괄하여 '활동이론'이라고 한다. 즉, 퇴직 후에도 여러 가지 활동에 참여하는 기회를 얻을 수 있게 하여 삶의 보람을 얻게 하는 것이 행복한 노화의 조건이라는 견해다. 이러한 견해는 오늘날 가장 상식적인 견해라고 할 수 있다.

이런 생각에 이의를 제기하는 것이 '이탈이론'이다. 이것은 고령자는 사회에 그다지 참여하지 않는 것이 행복감이 높다는 사고방식이다. 고령자가 심신에 노화를 느끼기 전인 높은 수준의 활동기에 은퇴하는 것이 낫다는 것이다. 자신의 내면세계에 관심을 기울이기 위해서는 그러는 편이 바람직하며, 사회적 활동이나 사교의 장에서 은퇴하는 것이 노화와 더불어 자연스러운 과정이라고 생각하는 것이다.

실증적 연구에서는 이탈이론을 지지하지 않는 경우가 많지만, 이탈이론이 1960년대 초에 제창된 것이 자극이 되어 오늘날 노년기에 관한 논의가 활발해졌다고 할 수 있다.

그 후, 사람은 각기 살아오면서 이룩한 인격에 따라 늙어간다는 '연속성이론(連續性理論)'도 등장했다. 확실히 사회적인 활동을 계속하며 사교를 지속해감으로써 노년기를 충실하게 사는 사람이 있는가 하면, 반대로 사회적인 활동이나 활발한 교우(交友)에서 은퇴한 조용한 생활 속에서 안정감이나 마음의 풍요를 느끼는 사람도 있을 것이다. 활동이론이나 이탈이론에서의 이자택일(二者擇一)은 도리어 부자연스럽다고도 생각되는 것이다.

3. 노화에 대한 심리적 적응*

1) 노년기의 삶의 어려움

노년기에는 신체적·심리적·사회적인 상실이 일어나기 쉽다. 거기에 어떻게 잘 대처하고 적응하는지가 중요한 심리적 과제가 되고 있다. 노년기에는 세 가지 'K'의 상실이 일어난다고 일컬어지고 있다. 즉, 건강, 경제적 기반, 관계(인간관계)라는 세 가지의 상실이다. 그에 따라 생활이 축소되고 사는 보람도 축소되어 다른 사람에게 의존하지 않을 수 없는 경우도 적지 않다. 이렇게 무력화되어가는 상태가 되풀이되면 자신감을 상실하여 우울한 기분에 빠지게 마련이다.

노년기는 정신장애가 많이 일어나기 쉬운 시기라고 하는데, 그 이유로 다음과 같은 것들을 들 수 있다.

---

* 上揭書, pp. 55-72 참조.

① 노화에 의해 신체기능이 저하되면서 건강이 손상되는 경우가 많다. 그 때문에 신체에 대한 불안감이 높아진다.

② 신체적인 예비능력(유연성)이 낮기 때문에 신체기능에 문제가 생기면 그것이 직접적으로 정신기능에 영향을 미치기 쉽다. 감기에 걸리는 것만으로도 우울증 상태가 된다거나, 조금만 다쳐도 화를 내는 등의 사례가 많다.

③ 뇌의 기능이 저하되고 있기 때문에 여러 가지 상황이나 환경에 유연하게 적응하기 어려우며, 혼란을 일으키기 쉽다. 가족이 갑자기 입원하게 되면서 혼란상태에 빠지는 고령자의 예가 많다.

④ 뇌 자체에 병이 생기기 쉽다(치매, 뇌경색, 뇌출혈 등).

⑤ 상실체험이 많아 생활의 불안을 느끼거가 사는 보람을 상실하기 쉽다. 배우자와의 사별에 따른 우울증이 대표적인 예다.

노년기는 이렇게 적응의 어려움을 지니고 있는 시기이다. 그런 어려움에 잘 대처해가는 일이야말로 노년기에 부과된 가장 큰 과제다. 노년기뿐만 아니라 인생의 어느 시기에서도 특유한 과제나 어려움이 있게 마련이다. 젊어서는 직업이나 기능이나 대인관계를 잘 해나가는 데 어려움이 있으며, 노년기에는 그것들에서 멋있게 '손을 떼는' 어려움을 짊어지는 것이다.

인생의 발달단계의 하나로서 노년기의 심리적 발달과제에 대해 세 사람의 이론을 살펴보자.

2) 노년기의 심리적 발달과제

하비거스트의 노년기 과제

노화의 과정을 지위(地位)와 역할(役割)의 이행(移行)으로 파악하며, 나아가 그 이행단계에 따른 과제(課題, tasks)를 설정하여 발달의 시점(視點)에 실천교육의 의미를 논한 사람이 하비거스트(Havighurst, 미국의 발달심리학자)이다.

하비거스트에 의하면 노년기의 과제는 크게 다음의 세 가지를 포함한다.

첫째는 쇠퇴(衰退)에 대한 적응, 상실(喪失)이나 이별(離別)에 대한 적응이다. 전술한 3K의 상실과 더불어 축소된 생활형태에 익숙해지는 것, 말하자면 이탈을 잘 해내는 것이다. 역으로 과거의 물질적 · 신체적 · 사회적 소산(所産)에 매달리는 것은 오히려 노년기 신경성 질환의 원인이 된다고 한다.

둘째는 언젠가는 닥쳐올 커다란 상실의 충격을 견뎌내는 것이다. 커다란 상실이란 우선 병에 의해 장애가 생기거나 몸이 부자유스러워지는 일, 혹은 깊은 관계가 있는 인물(배우자 등)과 사별하는 것 등을 들 수 있다. 이와 같이 노년기에는 지금까지의 생활의 연속성을 손상시키는 부정적인 일이 일어날 가능성이 많으므로 그것을 어떻게든 잘 극복해야 한다.

셋째는 이들 과제를 잘 해나가기 위해서, 또한 노년기를 명랑하게 지내기 위해서 동년배(同年輩)의 사람들과 횡적인 연계를 지니는 것이다. 노년기의 기분을 서로 토로할 수 있는 인간관계는 큰 의미를 가진다.

에릭슨 : 정신적 위기와 영지(英知)

에릭슨(E.H. Erikson, 미국의 정신분석학자)도 하비거스트 외 마찬가지로 노년기에는 쇠퇴니 상실에 대한 적응이 필요하다는 것을 지적했다. 예컨대 '손을 떼는 것'을 배워야 한다는 것이다. 또한 직접적인 관계에서 철퇴(撤退)할 것을 배우지 않으면 안 된다고 말했다.

예컨대 어버이로서 자식에 대해 관계하지 않고 '조부모성(祖父母性)'이라는 간접적인 방식으로 관계하는 것이 노년기의 바람직한 모습이라는 것이다. 나아가 죽음에 임함에 있어서 '세대계승 속에서 자기를 위치시키는 것'이 중요하다고 논했다. 즉, 자기 어버이나 조부모에 자신을 비추어보며 자신이 다음 세대와 연결된다는 사실로 늙음과 죽음에 대한 공포를 이겨낼 수 있다고 했다.

노년기에 이르러 인생의 모든 것에 만족하는 사람은 드물 것이다. 누구나 마음에 걸리는 일, 후회되는 일을 적어도 한두 가지는 갖고 있지 않을까. 그러나 '다시 한다면'이라는 생각이나

'앞으로 15년 정도가 남아 있다면'이라는 생각은 실현시킬 수 없는 것이다. 설사 커다란 부분이 결여된 채로 인생이 끝날지라도 그것을 견뎌야 한다. 다른 길, 다른 인생을 시도해야 한다고 생각하나, 그것을 위한 시간이 없음을 실감(實感)할 때 절망(絶望, despair)하게 된다. 노년의 절망에는 무의식적인 죽음의 공포가 항상 따라다닌다는 것을 에릭슨은 강조했다.

죽음을 가깝게 느끼게 되는 노년기에는 이런 절망을 느낄 가능성이 있지만, 한편으로는 '통합(統合, integrity)'의 감각도 촉진된다. 통합이란 자기가 살아온 인생의 길을 되돌아보며 나름대로 의미를 부여하는 것이다. 인생살이에서 결여된 것이나 실패가 있을지라도 그것을 자신의 궁극의 모습으로 받아들이는 것이 통합이다. 자기의 인생이 최고이기 때문에 받아들이는 것은 아니다. 다른 사람의 인생도, 자신의 인생도 다 같이 결여된 곳이 있지만 그 나름의 가치가 있는 것이다. 자기 인생을 둘도 없는 것으로 소중히 여겨야 한다.

생이 죽음과 인접하고 있는 것과 마찬가지로 통합과 절망은 이웃하고 있는 것이다. 이렇게 빛과 그늘이 있음으로 인하여 영지(英知, wisdom)는 빛을 더하게 되는 것이다. 노년기는 통합과 절망의 분수령(分水嶺)에 서 있는 것 같다고 할 수 있지 않을까?

펙 : 노년기의 심리적 위기

펙(R. E. Peck, 미국의 발달심리학자)은 노년기의 심리적 위기에는 세 가지 측면이 있다고 설명했다. 은퇴의 위기, 신체적 건강의 위기, 죽음의 위기가 그것이다. 각각 구체적으로 살펴보면 다음과 같다.

가) 은퇴의 위기

연령적으로 중년기에서 노년기로 이행하는 시기에 많은 봉급생활자들은 첫 번째 정년퇴직을 맞이한다. 퇴직은 수입의 축소라는 영향을 끼칠 뿐만 아니라, 몇 십 년에 걸쳐 익숙해진 사회인으로서의 자기 얼굴을 잃게 한다. 자영업자나 직인(職人), 즉 손재주로 무언가를 만드는 일을 업으로 삼은 사람들은 정년이 없어서 봉급생활자보다 오랫동안 동일한 일을 할 수는 있다. 그러나 그들에게도 신체상황 때문에 일을 그만둔다거나 일에 있어서 주도권이나 지도권을 젊은 사람들에게 넘겨야 할 때가 온다. 주부의 경우도 중년기에서 노년기로 접어듦에 따라 자녀를 키우는 일도 끝나고 모친으로서의 역할이 급속히 축소된다.

이러한 은퇴와 함께 다가오는 수입의 축소나 사회적인 자기상의 상실 앞에서 어버이와 자식의 관계에도 서서히 역전(逆

轉)이 일어난다. 이제 고령자는 자녀들을 비롯하여 남에게 의존하는 상황을 받아들이지 않으면 안 되는 것이다.

노년기는 이러한 은퇴로의 변화가 일어나는 시기다. 은퇴기의 심리에는 그 이전의 역할에 구애(拘碍)되는 기분과, 역할로부터 자유로워진다는 기대의 두 가지 측면이 있다.

전자(일 역할에의 몰두)로는 자기가 쌓아올린 일에 있어서의 역할이나 성과에 구애되고, 이전의 직함에 따른 말씨나 행동에 대해 구애되며, 나아가 노년기의 사회적 역할을 지니지 못한 자신을 받아들이고 싶지 않은 기분 등이 있다.

후자(자아분화, 自我分化)로는 역할이나 책임에서 해방되어 자유로이 시간을 사용하며 인생의 다른 면에도 눈을 돌릴 수 있는 새로운 자신에 대한 기대를 들 수 있다.

이들 양자가 서로 다투며 갈등하는 속에서 점차 자신에게 알맞게 균형이 취해진다. 예컨대, 은퇴의 시기가 가까워지면 불안감과 자기비하(自己卑下)가 심해지겠지만, 일단 은퇴하면 일하지 않는 것이 오히려 즐겁다는 것을 느끼게 되는 것이다.

나) 신체적 건강의 위기

중년기부터는 신체적 노화가 진행되어 신체 여러 부위에 통증이 잦아지거나 가벼운 감기도 잘 낫지 않는 등 몸의 상태가 나빠지는 것을 의식하지 않을 수 없다. 몸 상태가 '약간 흐림'

이 계속되고 산뜻한 쾌청(快晴)은 좀처럼 되지 않는다.

노화의 마이너스적인 면에 마음을 빼앗겨서 건강검사의 이상치(異常値)를 발견하여 끙끙거리고, 고통이나 불쾌감으로 고민하며, 밤낮 투덜거리는 사람들을 볼 수 있다(신체에의 몰두).

한편, 몸의 상태는 약간 흐린 경우가 많지만 정신적으로 맑은 하늘을 얻음으로써 노후를 쾌적하게 사는 사람들도 있다. 대인관계나 취미 등에 적극적으로 몰두함으로써 신체적인 쾌(快), 불쾌(不快)보다도 가치 있는 삶의 보람을 얻을 수 있는 가능성이 생기는 것이다(신체초월, 身體超越).

다) 죽음의 위기

노년기에는 인생이 오래 남지 않았다는 것을 늘 느끼게 된다. 그런 상황 속에서는 '절망'에 빠질 가능성도 있다. 죽음을 회피하며 살아가고 싶다는 불가능한 원망(願望)을 지닌다거나, 자신은 곧 죽을 것이기 때문에 이제는 무엇을 해도 의미가 없다고 생각하는 등 자신의 생사에만 관심을 둔다(자아에의 몰두, 自我에의 沒頭).

죽음이 가까워진다는 것을 느낄 수 있는 노년기에는 이런 '자아에의 몰두'로의 움직임이 생기기 쉽다. 그러나 역으로 '자아의 초월(自我의 超越)'을 향한 움직임도 생길 수 있다. 자아의 초월이란 '개(個)'의 의식을 초월하는 것이다. 사회에 관심을 갖고 다음 세대 사람들을 자비로운 눈길로 볼 수 있으면 자기 자신이라는 '개(個)'의 죽음은 상대적으로 받아들이기 쉽다고 생각할 수 있을 것이다. 죽음을 앞에 두고 여러 가지 가능성이 열리는 것이 노년기라고 말할 수 있지 않을까?

올포트 : 노년기의 성숙한 인격

위에서 지적한 발달과제들을 수행해감에 따라 인격은 더욱 성숙(成熟)에 가까워진다. 역으로 노년의 발달과제를 잘 해내기 위해서는 유능함이나 유연성과 같은 자질이 필요하다. 성숙한 인격을 갖추고 있다는 것과 발달과제를 잘 해나간다는 것은 닭과 달걀의 관계에 비유할 수 있을 것이다.

올포트(G. W. Allport, 미국의 사회심리학자)는 성숙한 인격의 일곱 가지 측면을 다음과 같이 들고 있다.

가) 자기확장(自己擴張)

자기확장이란 자기 외의 혹은 자기 소유물 외의 것에 대해 순수한 관심을 지닐 수 있는 능력이다. 새로운 대상에 목표를 정하여 몰두함으로써 자기를 넓혀갈 수 있다.

나) 자기객관시(自己客觀視)

자신의 능력, 자신의 언동에 대해 객관적 태도를 취할 수 있는 것을 가리킨다. 자신의 약점이나 한계(限界)를 느끼기 때문에 자기애(自己愛)를 손상시킬 수도 있지만, 자신을 객관적으로 파악할 수 있는 능력은 정신적인 강함이나 참된 유머와 연관되는 것이다.

다) 자기수용(自己受容)

자기 자신에 대해 긍정적인 태도를 취하는 것으로, 약점을 포함하여 현재의 자기나 과거의 인생을 받아들이는 것을 가리킨다. 이러한 자기수용에 의해 정서의 균형이 유지되며, 좀더 생산적이 될 수 있다.

라) 일관된 인생관

일관된 인생관을 지닌다는 것이 어떤 목적이나 목표를 고집한다는 뜻은 아니다. 생활방식의 토대가 되는 안정된 가치관을 지닌다는 것이다. 일관된 인생관은 자신의 생활방식을 통합해 나가는 기반이 된다.

마) 자기와 타인을 따뜻하게 연결할 수 있는 능력

이것은 타인과 이해(利害)를 초월한 관계를 유지할 수 있는 능력이다. 타인과 친밀한 관계가 될 수 있는 관용(寬容)과 공감성(共感性), 사랑하는 능력 등을 포함한다.

바) 외적 현실(外的 現實)을 수용하고 따르는 태도

수용하지 않으면 안 되는 현실을 받아들이는 것으로, 이것도 정신적인 강함의 한 측면을 나타낸다. 그와 반대되는 태도는 현실을 자기 요구나 공상에 맞추기 위해 왜곡하여 인식하는 것이다.

사) 실제적 문제에의 대처기능(對處技能)

성숙한 인격은 정신적으로 유연하며 안정되어 있다는 것만은 아니다. 생활상의 실제적 문제 하나하나에 적절히 대처하는 능력을 지니고 있다는 것 또한 중요한 일면이다. 특히 복잡한 환경에 대처하는 지혜를 갖추고 있는가 여부가 문제가 된다.

위와 같이 타인과 서로 존중하는 관계를 구축함과 더불어 자기 자신과 좋은 관계를 유지하면서 외계의 사물에 적절히 대처하고, 나아가 감수(甘受)하지 않을 수 없는 것은 감수하는 유연성에 의해 잘살 수 있는 힘이 생긴다. 이러한 성숙상(成熟像)은 인생의 다른 시기와도 관계가 깊지만, 노년기에 지향(志向)해야 할 인격의 성숙과 중첩되는 내용이 대단히 많다는 것을 알 수 있다.

4. 고령자와의 커뮤니케이션 *

1) 고령자와 젊은이의 커뮤니케이션

고령자와 젊은이가 좋은 커뮤니케이션을 한다는 것은 상호 신뢰감이나 인간관계를 높이는 데 있어서 좋은 방법이다. 고령자는 고독을 해소할 수 있으며, 젊은이는 매우 소중한 지혜를 배울 수 있다. 젊은 사람들은 고령자를 통해 지혜나 지식뿐 아니라 노년의 사는 방식, 나아가 한 사람의 죽는 방식을 배울 수 있다.

노소(老少)의 신뢰관계가 결부된 터전은 세대연쇄(世代連鎖), 세대계승(世代繼承)의 장이 된다. 피가 섞이지 않았더라도, 피가 섞여 있다면 더욱더, 한 대(代)에서 다음 대로 생명이 계승됨으로써 인간이란 종(種)을 지속시켜가는 것이다.

---

* 上揭書, pp. 98~104 참조.

'자기도 어버이들로부터 생명을 이어받았으며, 신뢰할 수 있는 다음 세대가 확실히 생명을 계승해준다'라는 생각을 갖는 것, 즉 '세대순환(世代循環)' 속에 자신을 위치시키는 것은 노년기에 있어 특히 중요하다. 자신의 죽음에 의미를 부여하며 죽음에 대해 마음으로 준비할 수 있기 때문이다.

고령자가 젊은 사람과 이야기를 나누면 생명의 존속을 느낄 수 있을 뿐만 아니라, 상대에게 자신의 이야기를 함으로써 자기 인생을 상대시(相對視)하여 '내 인생이 그런 것이었나?' 하고 되새겨보는 기회를 가질 수 있다. 나아가 자신과 연결된 젊은 세대 사람들이 자기가 다하지 못한 반면(反面)을 살아줄 것을 상상하는 것은 후회가 많은 고령자에게 희망을 가져다주는 일이 아닐까?

2) 고령자 대상 카운슬링에서 주의할 점

좋은 커뮤니케이션은 좀더 쾌적한 치유를 찾아내는 데 있어서 불가결한 것이다. 고령자 본인의 희망이나 의지를 정확히 파악하지 않고는 쾌적한 치유는 불가능하다. 도마라드(B. R. Domarad)와 부시맨(M. T. Buschmann)은 고령자를 면담할 때 고령자의 심리를 감안하여 주의할 점으로 다음의 여섯 가지를 들고 있다.

① 고령자의 자기평가(自己評價)를 높여주려 애쓴다.

② 평가적인 말을 삼간다.

③ 상대가 잘 대답하고 있다는 사실을 전한다.

④ 면접의 장을 고령자가 선택하도록 한다.

⑤ 고령자의 성별(性別)에 유의한다.

⑥ 고령자의 시청각의 쇠퇴를 배려한다.

무엇보다도 고령자 중에는(특히 허약하거나 곤궁하여 타인의 원조를 더욱 필요로 하는 사람들) 자신을 대단히 낮게 평가하는 사람들이 있다. 그들은 젊은 원조자에 대해 '나 같은 나이 먹은 사람의 이야기는 시시한 것뿐이어서 들어보아도 별 쓸모가 없을 것이다'라고 생각하는 경우가 많다. 이렇게 자기평가가 낮은 경우, 고령자는 있는 그대로의 기분이나 생각을 자진하여 이야기하려 들지 않는다.

이런 경우, 이야기를 듣는 사람은 그 사람이 무슨 얘기를 하더라도 귀를 기울일 가치가 있으며, 그 사람이 아니고서는 이야기하지 못할 내용일 거라는 태도로 경청해야 한다. 듣는 사람이 관심과 경의를 표하며 자기에게 귀를 기울인다는 것을 느낀다는 것은 고령자의 자기평가를 높이며 나아가 자기개시(自己開示)의 동기부여(動機附輿)를 높이는 일이다.

고령자를 대상으로 하는 카운슬링에서 특히 필요한 것은 '안

심감(安心感)’의 제공이다. 자기결정은 중요하지만 자기결정을 강하게 요구받는 상황이어서는 안 된다. 오히려 그것이 불안을 가져올 수도 있기 때문이다. 고령자는 불안이나 고독을 느끼기 쉽다. 그럴 때 자기편이 되어주는 사람이 있다는 것은 커다란 힘이 된다.

그런 의미에서 고령자를 대상으로 하는 카운슬링에서는 이 제1단계가 특히 중요하며, 그것만으로 문제가 경감, 소멸되는 경우도 적지 않다. 제2단계 이후에 있어서도 사실이나 사건만을 문제로 삼지 않고 감정에 초점을 맞추는 것이 중요하다. 또한 내면으로부터 이해하는 자세가 필요하다. 객관적으로 망상(妄想)이나 착각(錯覺)이나 오해(誤解)가 있을지라도 그것은 당사자에게 있어서는 주관적인 사실이란 것을 잊어서는 안 된다. 그때그때 놓여진 상황에서 여러 가지 생각을 가진 고령자가 말하는 그대로를 받아들이며 시간과 공간을 공유하는 것이 바람직하다.

일반적으로 타인의 마음을 존중하고 수용적이며 공감하는 태도를 일컬어 ‘카운슬링 마인드(counselling mind)’라고 부른다. 카운슬링 마인드를 가지고 고령자를 접한다면 여러 가지 상황에서 고령자를 지지해줄 수 있지 않을까?

5. 좋은 노인, 나쁜 노인*

1) 노인의 기질 대비(對比)

좋은 노인은 아름다우며, 나쁜 노인은 추(醜)하다

이 세상에는 노인이 많이 산다. 이 세상의 노인들은 '좋은 노인'과 '나쁜 노인'으로 나눌 수 있다. 이런 분류는 지금까지 그 누구도 한 적이 없다. 좋은 노인과 나쁜 노인을 다음과 같이 단정(斷定)하여 정의할 수 있다.

좋은 노인은 사회에 있어서 '유익(有益)'하며, 나쁜 노인은 '유해'하다. 따라서 좋은 노인이 증가하면 문명은 번영하며, 나쁜 노인이 증가하면 문명은 멸망한다.

좋은 노인은 '남은 인생 동안 젊은 사람들에게 어떻게 공헌할 수 있는가'에 골몰하며, 나쁜 노인은 '세상이나 타인으로부

---

* 鈴木康央, いい老人 惡い老人, 毎日新聞社, 2004, pp. 46-48, 71-88 참조.

터 물건이나 마음을 얼마나 더 빼앗을 수 있을까'에 골몰한다.

나쁜 노인은 전쟁으로 젊은이를 몰아넣으며, 좋은 노인은 몸소 전쟁을 저지한다.

젊은 사람들은 좋은 노인은 언제까지라도 살아주었으면 하고 바라고, 나쁜 노인은 빨리 죽어버렸으면 하고 바라게 된다.

좋은 노인이나 나쁜 노인 모두 일찍 일어난다. 그러나 좋은 노인은 하루를 감사하는 마음으로 보내며, 나쁜 노인은 일어나자마자 세상이나 남을 저주하면서 하루를 보낸다.

좋은 노인은 상냥하고 조심스러우며, 나쁜 노인은 자기중심적이며 야비하다.

좋은 노인은 성실하고 정직하지만, 나쁜 노인은 남을 항상 의심하며 배려하지 않는다.

따라서 좋은 노인의 얼굴은 '좋은 얼굴'이며 나쁜 노인의 얼굴은 '지독한 얼굴'이다

요즘 나쁜 노인이 증가하고 있다. 의식적으로 좋은 노인이 되려는 생각이 없기 때문이다. 노인사회가 도래한 오늘날, 그 상이(相異)를 확실히 인식하여 좋은 노인이 되려고 하는 것이 나쁜 노인이 되지 않는 유일한 방법이다.

누구든 언젠가는 반드시 노인이 된다. 좋은 노인이든 나쁜 노인이든 어느 한쪽이 되게 마련이다. 어떻게 살며 어떤 모습을 드러내며 어떻게 죽느냐, 그것은 분명 스스로 선택하는 것이다.

좋은 노인의 기질, 나쁜 노인의 기질

다음의 표는 인간에게 나타나는 '기질(氣質)'을 노인으로 바꾸어놓은 것의 한 예이다. 한쪽은 부정적 혹은 반사회적 기질이며, 다른 한쪽은 긍정적·적극적 기질, 혹은 사회적·상화적(相和的) 기질이다.

좋은 노인은 적극적인 노인 특유의 에너지가 넘치며, 나쁜 노인은 부정적인 노인 특유의 에너지가 넘친다.

다음의 표는 적극적인 노인에너지와 부정적인 노인에너지의 대표적인 이미지를 열거한 것이다.

■ 노인의 기질 대비(對比)

부정적 기질	긍정적 기질
심술궂은 노인	마음씨 고운 노인
버릇없는 노인	어른다운 노인
거짓말하는 노인	정직한 노인
거부(拒否)적 노인	개방적 노인
폐만 끼치는 노인	자립 노인
이기적 노인	겸허한 노인
칠칠치 못한 노인	자신에게 엄한 노인
완고한 노인	순박한 노인
일구이언하는 노인	표리가 없는 노인
반(비)사회적 노인	사회파 노인

타락 노인	자율 노인
감정적 · 충동적 노인	냉정 · 침착한 노인

■ 노인 심리의 에너지 구성요소

긍정적 노인에너지	부정적 노인에너지
삶의 보람	불안
자부심	공포
즐기는 태도	분노
명랑함	슬픔
희망	쓸쓸함
확신	원한
기쁨	후회
믿음	긴장
사랑	미움
자기성장의욕	공격
평생학습의욕	외곬의 태도
사회에의 공헌의욕	완고
무상의 원조의욕	거부
봉사의욕	허세
낙관	위협
포용	자기불신
관용	시기심
정신적 여유	협박
허용	욕구불만
⬇	⬇
좋은 노인의 기질	나쁜 노인의 기질

2) 좋은 노인의 플러스 에너지

기본적으로 좋은 노인은 '좋은 노인에너지'로 충만하다. 좋은 노인에너지란 강한 플러스의 노인에너지이며, 그것은 아무리 강할지라도 기분 좋은 것이다. 그러나 강한 마이너스의 노인에너지는 강하면 강할수록 주변에 해를 끼친다. 그리하여 자기파괴와 주변의 파괴가 동시에 이루어진다.

반대로 강한 플러스의 노인에너지는 그 에너지가 강하면 강할수록 세상이 평화로워지며, 평온하고 부드러운 인간관계가 구축되어간다. 우리에게 요구되는 강한 플러스의 노인에너지는 다음 네 가지로 분류될 수 있다.

밝음, 희망, 기쁨

노인이 밝은 모습을 지니면 인생이란 결코 괴롭고 슬프고 힘든 것만은 아니라는 사실을 젊은 사람들에게 시사(示唆)할 수 있다. 그리고 젊은 사람들이 실의에 빠졌을 때 '어떠한 일이 있어도 체념하지 않을 것'을 가르친다. 또한 어떠한 상황에 놓였을 지라도 일단 받아들이는 것이 중요하다는 것을 가르친다. 그런 인생의 비결이나 희망을 만드는 방법을 전수(傳受)함으로써 젊은 사람들은 실의의 바닥에서 일어날 수 있다.

좋은 노인들은 좋은 에너지를 통해 모든 일을 감사하는 마음으로 대하는 것이 얼마나 중요한가를 젊은 사람들에게 전한다. 그것을 전해 받은 젊은 사람들은 감사의 의미를 알게 되어 '지금을 사는 것'의 의미와 중요성을 깨닫게 된다.

젊은 사람들의 용기와 도전을 지탱하기 위해서 노인들의 원조가 필요하다. 지금까지 살면서 사회로부터 받은 은혜를 갚아야 할 때인 것이다. 설사 자기의 인생이 아무리 괴롭고 슬프고 무거운 인생이었을지라도.

자부심, 자기성장욕(自己成長欲), 평생학습욕(平生學習欲)

자부심이 넘치는 노인의 이야기나 그 모습이 젊은이들에게 대단히 중요한 역할을 할 때가 있다. 젊은이가 좌절에 부딪쳤을 때 특히 그렇다. 노인이 "어떠한 일이 있어도 결코 자기를 싸게 팔아서는 안 된다. 예전에 나는…" 이라고 자신이 곤경에 빠졌을 때 신념을 버리지 않았던 체험을 전하면 젊은이는 용기와 희망을 얻을 수 있다.

자부심으로 가득 찬 좋은 노인은 자신의 성장에 관심이 많다. 사람의 일생은 자기개발의 연속이어야 한다고 생각하며, 언제나 자기 주변이나 사회에 관심을 기울이고 스스로 사회와 적극적으로 관계하려고 한다. 그런 마음가짐이 강한 것을 의욕적이라고 한다.

죽음을 맞이할 때까지 사회에 참여한다는 '평생현역론'도 자신을 쇠퇴시키지 않기 위해 언제나 현역으로 있고 싶다는 관점에서 나온 것이다. 바로 플러스 에너지의 나아갈 길인 것이다.

좋은 노인들의 자기계발(自己啓發)의 목적은 자기 자신을 더욱 성장시키는 데 있다. 성장하기 위해서는 지금 이상이 되도록 자기를 닦아야 한다는 것이다. 자신을 연마(鍊磨)하고 연찬(硏鑽)하여 지금 이상으로 빛나게 한다는 것이다.

사회에 대한 공헌(貢獻) 의욕과 삶의 보람

사회에 공헌하려는 의욕으로 가득 찬 좋은 노인들은 보살핌이 필요한 노인을 돕는다. 건강한 노인이 보살핌이 필요한 노인을 돕는 것을 '노노개호(老老介護)'라고 한다. 노노개호는 노인들끼리의 공감, 공생, 공유체험과 결부되어 성립되는 것이다.

좋은 노인의 개호 자원봉사활동은 젊은 사람들의 그것과는 기쁨의 느낌이 근본적으로 다르다. 젊은 사람은 '자신감이 생기며 세상에 도움이 되었다는 자부심을 느낀다'와 같이 솔직한 기쁨을 느끼며, 좋은 노인은 '저세상에의 덕을 쌓았다'는 기쁨을 느끼는 것이다.

좋은 노인들은 오늘도 자원봉사활동에 참가하여 땀과 눈물을 흘린다. 그들에게 있어서 그것은 삶의 보람이다.

낙관(樂觀), 포용(包容), 관용(寬容), 허용(許容), 편안한 태도

좋은 노인은 이들 다섯 가지의 훌륭한 기질을 지니고 있다. 좋은 노인은 우아(優雅)함이 넘친다. 그 우아함을 만들어내는 것은 관용의 마음이며, 어떤 일이라도 허용하며 받아들이는 기량(器量)의 크기에 달려 있다.

좋은 노인이 젊은이가 범한 잘못이나 과오를 간단히 허용하는 것은 관용의 마음과 기량의 크기에서 오는 것이거니와, 동시에 포용과 시사(示唆)를 함축하고 있다.

이와 같이 긴장하지 않은 편안한 분위기에서 젊은이에게 미래를 맡겨가는 것이 좋은 노인의 특징이다. 동시에 잘못된 것은 냉정히 지적하며 본래 어떠해야 하는지를 젊은이에게 묻는다. 낙관, 포용, 관용, 허용, 편안한 태도. 이런 좋은 노인의 좋은 에너지는 젊은 사람들에게는 바로 오아시스인 것이다.

3) 좋은 노인의 전형적인 모습

다른 사람의 아픔을 알아주는 좋은 표정

어느 연수(研修)에서 인생의 달인이라는 강사로부터 "얼굴은 왜 있는 걸까요?"라는 질문을 받았던 일이 있다. 그러나 아무도 답하는 사람이 없었다.

조용해진 실내를 죽 둘러본 강사는 넌지시 입을 열었다. "얼굴은 자기를 위해 있지 않고 다른 사람을 위해 존재하지요. 좋은 얼굴을 가진 사람을 보면 매력을 느끼고, 웃는 얼굴을 보면 기분이 좋아집니다. 그래서 웃음은 소중한 것입니다. 화나고 찡그린 얼굴을 보면서 기분이 좋을 수는 없지 않나요?" 명답이라는 생각이 들었다. 그 후 나는 스스로의 표정 관리에 관심을 갖게 되었디.

하지만 표정만 멋있게 지으려고 노력하면, 불안과 공포가 생길 경우 그 마음 그대로 표정이 바뀐다. 강사는 이어서 말했다.

"표정을 만들려고 하는 사람들도 있지만, 그래서 되는 게 아닙니다. 얼굴은 웃을 수 있을지 모릅니다. 근육을 웃는 모양으로 움직이면 되니까요. 마음이 언짢아도 미소를 지을 수는 있습니다. 하지만 그렇더라도 스스로는 기쁘지 않습니다. 그러면 보고 있는 사람도 즐거워지지 않습니다. 마음이 열려 있지 않기 때문입니다. 결국 자신도, 보는 사람도 다 기분이 나빠지고 말 것입니다."

그러면 좋은 노인의 얼굴은 어떤 얼굴일까?

좋은 노인은 마음속에 꺼림칙한 것이 없다. 자신을 위해 뭔가를 이용하려는 마음이 없다. 상대방을 위해 무엇을 할 수 있을까를 먼저 생각한다. 또한 사회를 위해 무슨 일을 할 수 있을까를 생각한다. 그런 사람의 얼굴에는 반드시 좋은 마음이 반영

된다. 이것은 심리학적으로도 검증된 결론이다.

플러스 에너지로 넘치는 마음의 따뜻함은 표정과 언어에 반영되어 불안에 떠는 사람의 마음을 포근하게 안아줄 것이다. 기쁨이 충만한 자비로운 마음은 부드러운 눈길로 공포에 굳어버린 사람의 마음을 부드럽게 해줄 것이다. 그런 얼굴은 인생의 단맛과 쓴맛을 다 겪은 원숙한 시기에 이른 사람들만이 갖는 얼굴이다.

사람은 누구든 살면서 인생의 고난과 역경을 체험하게 된다. 이런 경우 사람들은 두 가지 길 중 하나를 선택할 수밖에 없다. 하나는 그 어려움을 받아들이고 극복하는 것이며, 또 다른 하나는 그것을 부정하고 받아들이지 않는 것이다.

어떤 상황에 있든 그것을 일단 받아들이는 것이 심리학적으로 바람직하다. 그렇게 해야만 새로운 미래를 설계할 수 있기 때문이다.

상황을 받아들이지 못하면 과거의 조건과 계속해서 싸워야 하기 때문에 그 상황을 벗어나지 못한다. 그 결과 상황을 자기 주변으로까지 확대시켜 주변 사람들에게 책임을 전가하는 '타벌경향(他罰傾向)'이 강한 노인, 즉 나쁜 유형의 노인이 된다.

한편, 좋은 노인은 자기 인생의 역경이나 고난을 일단 받아들여서 새로운 활로를 찾아낸다. 좋은 노인은 어떠한 상황을 겪을지라도 활로를 찾아서 뛰어넘을 수 있는 '플러스 에너지'를 갖고 있다. 이런 노인들이야말로 삶의 진수를 알고 인정과 사리에 밝아 다른 사람들의 아픔과 어려운 사정 및 형편을 이해하고 공감할 수 있다.

좋은 노인은 모름지기 어진 얼굴을 하고 있다. 좋은 표정으로 만들어진 주름은 인생의 값진 경험의 흔적, 훈장인 것이다.

필요할 때 분노할 줄 알지언정 다툼은 싫어한다

좋은 표정의 노인들이라고 해서 결코 화를 내지 않을까?

그렇지 않다. 인간은 화를 내게 마련이다. 부정을 목격하거가 악행을 대할 때 좋은 노인들은 분노를 터뜨린다. 성격이 정직하고 성실할수록 거짓과 기만이 활개를 치는 세상에 의분(義憤)을 느끼기 때문이다.

나쁜 노인은 세상사에 거의 흥미를 느끼지 않는다. 자신의 이익을 위하여 진지를 구축하는 데 여념이 없기 때문이다. 나쁜 노인이 화를 내는 경우는 무언가가 자신의 이익에 반한다고 느낄 때다. 좋은 노인의 화에는 의분이 담겨 있지만 나쁜 노인에게 의분이 있겠는가? 의분은 성실이나 정직, 대의, 진실이 파괴될 때 느끼는 분노를 말한다. 성실하지도 정직하지도 않은 노인은 그것을 느끼지 못한다.

좋은 노인은 필요한 경우 분노할 줄 알지언정 다툼은 싫어한다. 되도록이면 대화로 상황을 해결하려 하므로, 의분을 부추기는 경우에도 즉시 싸움을 일으키지는 않는다.

노인의 자조 노력이 국가를 자립시킨다

고령화 사회에 있어서 '자립'은 키워드의 하나다. 스스로의 힘으로 노력하여 살아가야 한다는 것이다.

대부분의 노인들은 스스로 최대한 노력한 후에 개호(介護; 수발)의 단계로 옮겨간다. 개조(介助; 수발하여 돕는 것)는 가족의 개호와 지방자치단체의 개호제도를 활용하는 경우다.

일본의 경우를 보면, 개호공공서비스가 행해지고 있는데, 그 서비스는 본래 유료이다. 그러나 개호보험제도의 시행과 더불어서 여러 가지 혜택을 받게 되어 있다. 주간서비스제도, 도우미의 파견, 출장 입욕차 서비스 등 개호의 메뉴는 점차 충실해지고 있다.

그러나 그렇게 무료로 이루어지는 개호서비스를 받지 않으려는 노인들이 많다고 한다. 그 이유는 우선 자존심 때문일 것이다. 그리고 또 다른 이유는 국가나 지방자치단체에 신세를 질 면목이 없다는 생각에서다. 개호보험료를 납부하기 때문에 아무런 문제가 없다고 시의 복지과 담당자가 말해주어도 좀처럼 응하지 않는 노인들이 있다고 한다. 좋은 노인의 아름다운 겸양의 마음이라 볼 수 있다. 그러나 신세를 져야 할 때는 무릎 쓰고 받는 것이 건강을 지키는 안전한 방법이다. 폐해를 끼친 다고 생각할 필요는 없다.

반면에 나쁜 노인은 개호가 필요 없음에도 어떻게 해서라도 개호 대상으로 인정을 받으려고 안간힘을 다한다고 한다.

좋은 노인의 자립정신은 개호를 필요로 하는 노인들을 위해 상호협조를 실천하는 큰 힘이 된다.

젊은이들에게는, 나라의 정치를 좋은 방향으로 이끌어 경제 를 번영시키게 하며, 아이를 낳음으로써 국가를 번영시켜가도 록 해야 할 중대한 사업이 있다.

그러므로 노인들은 젊은 세대를 뒷바라지해준다는 마음가짐 으로 더욱 자립적으로 살아갈 수 있도록 노력해야 한다.

좋은 노인들은 신사숙녀다

좋은 노인에게 있어서 젊은이는 귀엽고 사랑스럽기 그지없 는 존재다. 꿈과 희망에 차 있는 젊은이들은 노인에게 젊음을 회상하게 해주기 때문에 만나는 것만으로도 기분이 좋아진다.

반면, 나쁜 노인에게 젊은이는 보기만 해도 화가 나는 존재 다. 생명력이 넘치는 젊은이의 빛나는 모습에서 자괴감과 초라 함의 반사적 모멸을 느끼는 것이다. 그러면서도 젊은이를 이용

할 때는 철저히 이용한다.

같은 노인인데도 젊은이를 대하는 시각과 방식이 180도 차이가 난다.

좋은 노인은 젊은이에게 인생의 경험담을 들려주며 삶의 지식과 지혜를 더해준다. 전승하는 노력을 통해 문화의 승계를 일깨워준다. 강한 근기(根氣)로 젊은이들의 삶에 도움을 주기를 좋아한다. 결과적으로 젊은이는 노인의 기분을 이해하게 되며, 좌절과 실망을 느낄 때면 자기 옆에 노인이 있다는 것을 알게 된다.

이 세상은 다양한 세대의 집합체다. 사회를 위해서는 모든 세대가 필요하다. 노인 세대는 젊은이들에게 경제적으로 짐을 지우는 세대로 생각될 수도 있지만, '귀중한 인생의 자료'임을 알아야 한다. 힘을 합해야만 새로운 시대를 만들어갈 수가 있다.

좋은 노인은 젊은이들의 좋은 친구이자 선배로서 그 관계를 유지할 수 있다. 한편, 나쁜 노인은 젊은 사람들에게 위험한 존재다. 나쁜 노인에게 있어서 젊은이는 싸움 상대이거나 뭔가를 빼앗아야 할 상대일 뿐이다. 젊기 때문에 경계심이나 시기심이 적은 젊은이들을 나쁜 노인은 쉬운 상대로 생각할 것이다.

젊은이들은, 노인들을 한 묶음으로 보아 모든 노인들을 보통 노인으로 본다. 분류법을 모르기 때문이다. 젊은이들은 노인들을 좋은 사람과 나쁜 사람으로 구분해서 생각해본 일이 없다.

이 점에 대해서는 모든 사람이 마찬가지다. 지금까지 노인을 선악(善惡)의 가치관(價値觀)으로 검토한 바는 없었다. '좋은 노인', '나쁜 노인'의 개념으로 사회 전체를 관찰하고 노인의 윤리문제를 사회적으로 중요한 문제로 다룬 것은 이번이 처음일 것이다. 노인 예비군인 독자는 여기서 기대하는 바와 같이 좋은 노인이 되지 않으면 안 된다.

좋은 노인은 남에게 폐를 끼치지 않으며 살아간다. 항상 올바르고 예의바르게 살아간다는 점에서 신사숙녀(紳士淑女)라고 칭할 수 있다. 그런 삶의 방식을 자연스럽게 지니고 있다는 점에서 상식이 풍부하다고 할 수 있다. 자기 역할이나 위치를 잘 알고 있기에 결코 허둥대지 않는다. 사이좋게 가벼운 마음으로 하루를 잘 보내면 행복하다고 생각한다.

아무쪼록 좋은 노인이 되려면 병들지 않도록 늘 건강에 조심하고, 가족과 자녀들과 더불어 살면서 서로 불편하지 않도록 자조노력(自助努力)을 다해야 한다. 또한 자녀들과 손자들로부터 '냄새난다, 어둡다, 더럽다' 등의 말을 듣지 않도록 청결과 품격을 지키는 생활을 해야 한다.

이 세상은 지위나 명예나 돈으로 이루어지는 것이 아니다

노후의 생활이 괴로운지 아닌지는 젊었을 때 어느 정도 저축을 해두었느냐에 따라 결정된다. 좋은 노인도 노후 대비가 충분하지 않았을 때는 죽을 때까지 일하지 않고서는 생활이 어렵게 마련이다. 아무리 생활이 어려워도 내색하지 아니하며, 늘 감사한 마음으로 매일을 살아갈 수 있다면 얼마나 좋을까? 아침에 일어나서 '오늘도 살아 있다! 아아! 오늘도 살게 되었구나! 참 감사하다!' 하며 방긋 웃을 수 있다면 좋은 노인이다.

좋은 노인은 정밀(靜謐; 고요하고 편안함)한 사람이기도 하다. 마음이 온화하며 침착한 삶을 산다. 죽을 때 돈을 가져가지 못한다는 것을 잘 알기 때문에 욕심을 부리지 않는다.

나쁜 노인은 현세에 대한 미련이 많아서 매일 돈을 세지 않고는 안심을 못한다. 자신의 생활이 괴롭고 비참한 것을 아들, 며느리, 손자의 탓으로 돌린다. 때로는 국가나 정치의 탓으로 돌리기도 한다.

좋은 노인은 생활이 어렵더라도 그보다는 가치관을 더 중시하므로 그런 어리석은 생각에 사로잡히지 않는다. 여기서 가치관이란 무엇을 말하는 걸까? 예를 들어 자연을 사랑하는 노인은 자연의 품에 안겨서 죽기를 원한다. 이것이 가치관이다. 또한 자기보다 혜택을 받지 못하는 사람들을 위해 베푸는 것을 행복하게 생각하면서 산다면 이것도 가치관이다.

결국, 지위나 명예나 재물이 아니라 한 사람의 인간으로서 어떻게 성실히 살아왔느냐가 중요하다고 생각하는것, 이것이 좋은 노인의 조건이다.

사물을 속세에서 떨어져서 한 단계 높은 위치에서 내려다보고 생각하자. 그러한 정신적 위치에 설 필요가 있다.

현실에 사로잡혀 밀어닥치는 세파를 견디지 못하고 스스로 생명을 정리하는 사람들이 늘어만 간다. 본래의 자신을 돌아보고, 자신이 무엇을 찾고자 살아왔는지를 생각한다면 비극은 면할 수 있을 것이다.

나쁜 노인은 다르다. 자신의 이득만을 구하며 사는 것이 가치였다. 그것을 손에 넣지 못해 스스로 명을 끊는 나쁜 노인도 있겠지만, 그것은 자업자득이다. 처절하게 남으로부터 탈취해왔던 것에 대한 천벌이다. 동정의 여지가 없다. 악한 노인은 참회가 없다. 죽는 순간까지 저주만을 계속한다.

그러나 좋은 노인은 큰 가치관을 갖기 위해서 죽음 직전까지 노력한다.

제4장

제2의 인생을 잘사는 법

1. 《나이를 거꾸로 먹는 건강법》 서평 *

日野原重明, 生きかた上手(번역 출간 제목 《나이를 거꾸로 먹는 건강법》, 고선윤 역, 서울문화사, 2003)

이 책은 90세가 넘은 일본의 현역 의사 히노하라 시게아키(日野原重明)가 쓴 《이끼가다 죠즈(生きかた上手)》를 번역한 책이다. 사람은 몇 살이 되어도 사는 방식을 바꿀 수 있다는, 이른바 건강하게 오래 사는 '히노하라 건강법'을 내세운 이 책은 세계 최장수국 일본에서 120만 부가 팔린 건강 분야의 초 베스트셀러다.

히노하라 박사는 "젊은이들에게 노인들의 파워를 보여줍시다."라며 노인들을 자극하고, "아이들에게 더 많은 산 경험을 시켜야 합니다."라고 젊은 부모들에게 조언하며, "환자가 최고의 죽음을 맞이할 수 있도록 도와주어야 합니다."라고 강조하

---

* 〈연꽃마을〉 제193호(2004년 2월 23일 자) 서평을 수정·보완한 것임.

고, 그러기 위해서는 풍부한 감성이 필요하다고 후배 의사들에게 충고하고 있다.

특히 이 책에서 관심이 가는 대목은 '늙는다는 것은 성숙하는 것'이라는 부분이다. 히노하라 박사가 말하는 '성숙의 의미를 지닌 늙음'이 무엇인지와 관련하여 주요 내용을 소개하면 다음과 같다.

성숙한 고령자는 옳고 그름을 이야기해주는 역할을 수행해야 한다고 하면서 다음과 같이 주장하고 있다.

"물질적인 풍요로움만 좇는 사이에 무엇이 옳고 무엇이 그른가를 판단하는 힘마저 잃어버린 오늘날, 경종을 울릴 수 있는 사람은 우리 노인들밖에 없다. 지금이라도 아직 때는 늦지 않았다.

보통의 사람들이 시대의 흐름에 거역하면 싫은 얼굴을 하지만, 향토의 좋은 문화나 습관을 찾아서 반드시 지켜 나가야 한다. 뿐만 아니라 좋은 문화를 세계에 널리 알린다는 기상을 가져야 한다.

이를테면 나는 자식이 부모를 모시는 문화는 일본이 다른 나라에 자랑할 수 있는 최고의 미덕이라고 생각한다. 모든 것을 금전으로 해결하려는 나라에서는 찾아볼 수 없는 실로 아름다운 부모 자식 간의 관계이다.

물론 상당한 부담을 각오해야 하고 누군가가 희생을 해야 한다면 그것은 문제다. 그러나 자식이 부모의 노후를 돌보는 일이 모두의 행복으로 이어진다면 어찌 가족이 부모를 돌보지 않겠는가? 이 사실을 당사자인 노인들은 잘 알면서도 입을 다물고 있다. 그런 겸손은 피해야 한다."

그리고 또 다음과 같이 말하고 있다.

"근래에 가족 간의 애정이 점점 희박해지고 있다. 아버지가 아버지의 자리에 없다. 어느 경우에는 일 때문이라는 이유로 부모가 없는 식탁에 아이들만 방치되기도 한다. 이래서야 되겠는가?

나쁜 것은 나쁘다고 지적하는 역할을 이제 신노인이 맡아야 한다. 고치기 위한 지혜도 제공해야 한다. 곧바로 고칠 수 없다면 적어도 나쁜 것이 밖으로 새어나가지 않게 해야 한다. 이것이 인간으로서의 최소한의 윤리다.

금연 운동을 시작한 나라에서 외국으로 담배를 대량 수출하고 있다. 자국의 젊은이들을 보호하면서 다른 나라의 젊은이들의 미래를 망치려 하고 있다. 일본이 이와 같은 자기중심적 행위를 하지 않는다고 말할 수 있을까? 일본의 나쁜 문화가 밖으로 나가지 않도록 해야 한다. 반대로 나쁜 문화가 들어오면 확실하게 거부해야 한다. 이런 자숙(自肅)과 강한 모습이 필요하다. 강인함이 언젠가 퍼져나가서 전쟁 따위는 일어나지 않을 것이다.

일찍이 있었던 좋은 습관은 그 외에도 있다. 대단히 힘든 경험이기는 하지만, 특히 건강에 있어서는 전후(戰後)의 극빈(極貧), 조식(粗食)도 그다지 나쁘지 않았다. 설탕은 물론 소금도 부족했고, 담배와 술은 전혀 없었다. 그 아슬아슬한 생활이 건강에는 오히려 더 좋았다.

75세가 지나도 많은 사람들이 건강하게 살 수 있는 것은 젊었을 때 조식을 했기 때문이고, 또한 풍요로운 시대가 되어도 포식을 하지 않았기 때문이다. 그 결과로 이른바 생활습관병이라 총칭되는 고혈압, 뇌졸중, 심장병, 당뇨병, 간장병, 폐암 등을 피할 수 있게 된 것이다.

건강하게 장수를 누리기 위해서는 젊었을 때부터 준비해야 한다. 좋아하는 것을 먹고 싶은 만큼 실컷 먹는 젊은이들은 장수를 누릴 수 없을 것이다. 현대의료의 힘을 빌린다 할지라도, 병든 상태에서 생명을 연장하는 일이 많아질 뿐이다. 조식이야말로 건강의 기본이다. 신노인은 그 산 증인이다. 신노인의 라이프스타일은 젊은 세대의 모델이 될 수 있다.”

이렇게 나쁜 것을 지적하는 역할이나 그것이 외부로 빠져나가지 않도록 하는 역할을 노인이 수행해야 한다고 지적한다.

또한 편리하고 풍요로움만이 좋은 것은 아니라고 주장한다. 즉, “사치를 즐기는 젊은 세대와 달리, 물건이 부족한 생활을 알고 있다. 물질적 풍요로움, 편리함, 우수함이 반드시 좋은 것만은 아니라는 사실을 알고 있다는 점이 우리들의 장점이다.

이를테면 비행기로 열두 시간 걸리는 뉴욕까지의 거리를, 음속 이동을 하면 두세 시간이면 충분하다. 과연 이렇게 줄일 필요가 있는가? 지나치게 발달한 문명은 사람의 마음을 파괴할지도 모른다.

극단적인 풍요로움이나 편리함에 제동을 거는 것은 노인들의 역할이다. 시인 워즈워스(1770~1850)는 '생활은 간소하게 뜻은 높게'라고 외쳤다. 우리는 지금 이것을 실행해야 한다.

젊은 사람들에게 노인의 힘을 보여주자. 마음만 먹으면, 나이가 들어도 새로운 일을 할 수 있다. 사람은 살아 있는 동안 뇌의 3분의 1도 쓰지 못한다는 말도 있으니, 더욱 그러하다.

'노인'이라는 말이 너무 직설적이라서 최근에는 '고령자'라고 하지만, 오히려 노인이라고 불리고 싶다. 그것도 신노인이라고.

'노(老)'라는 글자는 원래 존경하는 대상에게 쓰는 말이다. 젊은 사람들에게 '나도 저렇게 늙고 싶다'라는 생각을 들게끔 하는 노인이 되고 싶다. 존경받기 위해서라도 노인 스스로 행동을 시도해야 할 때이다."라고 주장한다.

무엇보다도 이 책에서 큰 충격을 준 부분은 죽는 그 순간까지 '인생의 현역'으로 살자는 것이다. 현역으로 사는 삶의 중요성을 보여주는 대목을 옮겨보면 다음과 같다.

"무엇보다 '현역 의식'을 가지는 일이 중요하다. 사회인이나 혹은 아이를 키우는 부모에게 현역 은퇴는 반드시 찾아온다. 살아 있는 한 사람은 누구나 최후의 순간까지 '인생의 현역', 즉 인생의 주인공이다. 적어도 그렇게 자각하고 있어야 한다. '현역'이란 '지금 이 순간의 삶'에 자신의 모든 것을 걸고 있는 사람이다. 나이나 성별과는 관계가 없다.

미국 사회에서는 남녀 차별이 없는 것과 마찬가지로 연령 차별도 없다. 모든 제출 서류에서 생년월일을 적는 항목을 삭제했다. 이를테면 하버드 대학교에는 교수 정년제가 없다. 지금 상황으로 보아, 일본인보다 정신적으로 성숙해 있다고 생각하지 않을 수 없다.

철학자 마르틴 부버(1878~1965)는 어느 날 나이 많은 스승으로부터 '이제까지의 생각을 모두 바꾸고 완전히 새로운 눈으로 세상을 보고 싶다'는 말을 듣고, 충격과 더불어 상쾌한 느낌을 받았다고 한다. 부버는 '만약 사람이 뭔가를 새롭게 시작한다는 진정한 의미를 잊지 않고 있다면, 나이를 먹는다는 것은 참으로 멋진 일이다'라는 진리를 만났다.

살아 있는 한, 새로운 기쁨을 얻는 일에 더욱 욕심을 부려도 된다고 생각한다. 그것이 활기찬 노후를 맞이하는 방법이다. 우리들 각자에게 잠재된 무한한 재능은 매일 밖으로 뛰어나올 기회만을 기다리고 있다. 이런 기회를 무시하고 지나쳐버리는 인생으로 끝내고 싶지는 않다.

기회 속에는 기쁨을 가져다주는 요소만이 아니라 시련이라는 말이 더 어울리는 요소들도 많다. 그래도 과감하게 도전할 수 있어야 한다. 미지에 대한 도전은 높은 곳에서 다이빙하는 것과 같은 용기와 결단이 필요하다. 자신의 체력이나 기력을 생각하면 젊었을 때보다 그 높이가 더 높다고 느껴지고 다리가 후들후들 떨리기도 한다.

그때는 자신에 대한 믿음만이 도움이 된다. 아무리 늙어도, 병이 들어도, 혹은 타인에게 소외당해도 내가 좋다고 생각하는 방향으로 한 발자국 내딛는 나를 응원할 수 있는 강인함이 필요하다.

그것은 결코 완고하고 고루한 것이 아니다. 오히려 유연함이라고 생각한다.

때로는 자신을 믿고 도전한 결과가 실패로 끝나는 일도 있을 것이다. 그래도 용기 있는 행동에는 큰 의미가 있다. 결코 헛된 일도 아니고 후퇴도 아니다. 열심히 산 흔적은 의미 있는 과거가 된다. 과거는 지나서 없어지는 것이 아니라 과거 그 자체로 존재하는 것이라는 사실을 잊지 말아야 한다.

순간이 이어져서 하루가 되고, 일년이 되고, 일생이 된다. 어제와 똑같이 보낸 오늘일지라도 어제는 어제, 오늘은 오늘이다.

이토록 소중한 오늘을, 실패하는 것이 두렵다고 아무 일도 하지 않고 보내는 것은 너무나 안타깝다.

우주를 향해서 날아가는 로켓이 기체를 분리할 때마다 그 궤도를 바꾸는 것처럼, 인생의 마디마다 생각의 발상을 바꾸고 새로운 일에 도전하면 어떨까.

이것은 직장 업무에 한정된 이야기가 아니다. 정년을 맞이해서 혹은 육아에서 손을 뗄 무렵, 잘 알지 못하는 세계에 뛰어드는 것은 정말 바람직한 일이다. 이후의 시간은 자신을 위해서 쓸 수 있다. 그런 기대에 가슴을 부풀리면서 오늘 하루도 열심히 사는 것이 중요하다."

이상, 책 내용 중에서 특히 관심이 가고 같이 나누고 싶은 부분을 소개했다. 나처럼 이 책의 내용에 깊은 공감을 한 독자들이 많았던 모양이다. 일본에서 이 책이 출간된 후 독자들이 수만 통의 편지를 보내왔다고 한다. 그 가운데서 독자 101인의 질문이나 고민, 슬픔에 응답하는 내용을 담은 《대화편》도 출간되었다. 또한 일본 전국 각지에서 '이끼가다 죠즈' 강연회가 개최되어 개인이 사는 방식을 재검토하고 활기차게 살 수 있도록 격려하여 커다란 사회적 반향을 불러일으켰다고 한다.

이 책의 역자는 후기에서 "편안하게 낮은 목소리로 들려주는 글은 충격도 감동도 아닌 우리 삶을 이야기한다. 아리스토텔레스도 플라톤도 위대한 철학가로서가 아니라 우리의 인생을 말하는 선인으로 등장한다. 젊은이는 젊은이대로, 어른은 어른대로, 노인은 노인대로 다른 느낌을 가지고 이 글을 읽을 것"이라며 "한 가지 확실한 것은 누구든 '산다는 것'에 대해, 삶 속에서 맞닥뜨리게 되는 '늙음', '죽음'에 대해 더 진지하게 성찰하게 되리라는 사실"임을 강조한다.

정치학을 전공한 나 자신이 고령자 문제에 대해 관심을 갖게 된 것은 이 책을 비롯하여 히노하라 박사의 200권이 넘는 저서에서 깊은 영향을 받았기 때문이다.

이 책은 사회복지법인 연꽃마을 산하시설인 일산노인종합복지관 부설 호수문화대학교 복지문화대학원에서 교재로 사용하고 있기도 하다. 이 책의 원서는 독자들로부터 연간 1만 통 이상의 편지를 받았고, 거기에 보답하는 뜻에서 2002년에는 속편이 출간되었다. 속편은 더욱 폭넓은 문제, 궁극적인 평화와 삶의 본질에 대해 깊이 파고들고 있다. 삶의 보람을 느끼게 하며, 삶의 질을 향상시키는 데 도움이 되는 책이니만큼 속편도 우리나라에서 번역 출간되기를 희망한다.

2. 어떻게 최후를 맞이할 것인가*

1) 종말기(終末期) 의료의 의미

현대의학의 발전은 사람이 죽음을 맞이하는 과정을 크게 바꿔놓고 있다. 많은 사람들이 병원에서 죽음을 맞이하며, 특히 암의 경우 대부분의 사람들이 병원사(病院死)하고 있다. 또한 가능한 한(限)의 치료를 하게 되어 많은 기계에 둘러싸여 튜브로 연결되는 경우도 적지 않다.

작금에 이르러 이러한 모습의 죽음에 의문을 느끼는 사람들이 증가하고 있고, 어떻게 최후를 맞이하는가에 대한 관심이 높아지고 있다. 단지 연명(延命)을 꾀하는 것이 아니라, 고통과 증상을 조절하면서 환자의 마음을 떠받쳐 사람답게 생을 다할 수 있도록 원조하고자 하는, '치료(治療, cure)에서 치유(治癒,

---

* 日野原重明 編著, 死をみつめ, 今を大切に生きる, 春秋社, 2002 참조.

care)에로'라는 생각이 등장하게 된 것이다.

1950년대부터 1960년대에는 말기의료(末期醫療)를 통칭하여 '터미널 케어(terminal care)'라는 용어가 사용되었다. 1970년대에는 호스피스 운동이 활발해지면서 '호스피스 케어(hospice care)'란 말이 사용되기 시작했다. 나아가 1980년대에는 '완화 케어(緩和케어, palliative care)'란 용어를 널리 사용하게 되었고, 1990년에는 세계보건기구(WHO)가 말기의료의 바람직한 모습으로서 완화 케어를 다음과 같이 정의(定義)했다.

"완화 케어란 병의 치료가 불가능하게 되었을 때 행하게 되는, 적극적인 전인적(全人的) 케어(total care)이며, 통증이나 기타 증상의 컨트롤, 정신적·사회적 나아가 영적 문제(靈的問題, spiritual problems)의 해결이 가장 중요한 과제이다. 완화 케어의 목표는 환자와 그 가족에게 있어 가능한 한 최고의 삶의 질(QOL)을 실현하는 데 있다."

오늘날 육체적인 면의 연명(延命)에 있어서는 현대의료가 커다란 성공을 거두었다고 할 수 있다. 그러나 앞으로의 의료나 간호에서는 육체적 연명과 더불어 심리적 연명, 사회적 연명, 나아가 문화적 연명을 합친 총체적(總體的) 연명을 생각해야 한다.

2) 호스피스 치유의 기본 정신

원래 호스피스(hospice)는 중세 유럽에서 순례자나 여행자에게 휴식이나 숙박을 제공하는 시설을 가리키는 용어였는데, 근년에 이르러 호스피스 운동이라 일컬어지는 일종의 의료개혁, 사회운동의 형태로 전 세계로 번져나갔다.

현재 호스피스란 용어는 주로 말기 암 환자를 위한 여러 가지 원조 프로그램의 총칭으로 사용되고 있다. 즉, 치유 불가능한 질환의 종말기에 있는 환자 및 가족의 삶의 질(QOL)의 향상을 위하여 다양한 전문가가 협력하여 만든 팀에 의해 행해지는 케어를 의미한다. 그 케어는 환자와 가족이 가능한 한 인간답게 쾌적한 생활을 보낼 수 있게 하기 위해 제공되는 것이다.

병원과 호스피스가 크게 다른 점은 병원에서는 환자를 고치는 것이 중심이지만 호스피스에서는 환자와 가족을 하나의 단위(單位)로 파악하고 있다는 점이다. 미국의 호스피스협회의 기준으로는 환자가 사망하면 최저 1년 이상 유족에 대한 케어를 해야 한다고 정해져 있다.

인생에는 이별이 따르게 마련이다. 사랑하는 사람을 잃으면 남겨진 사람은 작은 죽음을 경험한다고 한다. 어느 연구에 의하면 아내를 먼저 보낸 남편의 사망률은 보통 남성의 4배가 된다고 한다. 그렇게 되기 전에 가까운 사람과 사별할 때의 비탄

(悲嘆)에 대해 조금이라도 미리 생각하는 기회가 있다면 달라지지 않을까 생각된다.

호스피스 운동은 새로운 죽음의 문화를 창조하는 데 훌륭한 자극이 될 수 있을 것이다. 최근에 이르러 호스피스 운동에도 변화가 일어나고 있다. 시설로서의 호스피스뿐만 아니라 '홈 케어', '홈 비지팅'이라 일컬어지는 방문 간호(재가 케어)를 충실히 하려는 움직임이 그것이다.

미국의 경우 3,200개의 호스피스 중 독립시설은 175개에 불과하며 나머지는 재가 케어 호스피스라고 한다. 재가 케어 호스피스가 단기간에 보급된 배경에는 암 환자의 급증, 연명보다는 인간다운 죽음의 방식을 구하는 것, 그리고 암 고지율이 90% 이상으로 높아졌다는 것 등을 들 수 있다. 그 외에도 '병은 나았지만 돌아갈 집이 없어졌다'고 할 만큼 입원비가 너무 비싸서 경비가 싼 재가 호스피스가 발달하게 되었다고 한다.

물론 재가 케어를 받는 환자는 매일 집에 있어야 하는 것이 괴로울 수 있으며 자극이 없어 고독해지기 쉽다는 문제도 있다. 따라서 데이케어센터에 가서 다른 환자와 대화하며 서로 격려하는 것도 바람직한 일이다. 희망한다면 의사나 간호원도 만날 수 있고, 취미도 즐길 수 있다.

재가 호스피스를 구하는 목소리는 앞으로 더욱 커질 것으로 생각되지만, 그것이 더욱 넓게 실천될 수 있는 사회체제와 시스템을 만드는 것이 급선무라고 할 수 있다. 호스피스 운동은 좁은 의미에서의 의료나 간호의 문제에 그치지 않으며, 어떤 의미에서는 우리 사회 전체, 우리 문화의 성숙도를 평가하는 하나의 중요한 척도가 되는 것이다.

3) 호스피스 운동과 죽음에 대한 준비

오늘날 여러 나라에서는 그 국가의 사정이나 민족성에 따라 독자적인 호스피스 케어가 실천되고 있지만, 그 토대는 죽음에 대한 준비교육일 것이다. 계몽(啓蒙)교육이 보급되지 않으면 호스피스 운동도 진전될 수 없다.

예컨대 자신이 암에 걸렸을 때는 여러 가지 선택지(選擇肢)가 있다. 종합병원에서 최후까지 인공적 연명을 계속할 것인가, 재가 치유 호스피스를 받을 것인가, 혹은 시설의 호스피스에 입원할 것인가 등을 들 수 있다. 이런 것들은 교육이 시행되지 않고서는 이해할 수 없는 것이다. 지식이 없으면 선택할 수가 없기 때문에 고지(告知)에 의한 동의(informed consent)도 무의미한 것이다.

죽음에 대해 배운다는 것은 결코 허무한 사고(思考)가 아니다. 오히려 그것에 의해 지금 이 순간의 귀중함을 의식하며 힘껏 살려고 하는 의욕을 북돋우는 것으로 연결되는 것이다.

사람이란 석가님이 말씀하신 사고(四苦), 즉 생·로·병·사로부터 달아날 수 없다. 병이라는 곤란을 겪으면서 어떻게 병과 더불어 살지, 어떻게 늙어갈지, 그리하여 어떻게 최후를 맞을지를 일상생활 속에서 납득할 수 있어야 하며, 그 철학을 생활 속에서 실천할 수 있어야 한다.

병을 앓고 있으면서도, 혹은 어떤 장애를 안고 있을지라도 빛나게 살 수 있다. 노후의 나날도 빛나게 살고, 나아가 그 빛을 보이면서 죽음을 맞이해야 하지 않을까.

의학이 아무리 발달하더라도 인간은 누구든 결국 병과의 싸움에서 무너져 죽음에 이르게 마련이다. 최후에는 무력해질 수밖에 없는 의학에 모든 것을 맡길 것이 아니라, 병을 앓으면서도 마음을 지탱해주는 호스피스 치유가 필요할 것이다.

죽음이란 결코 기피할 일이 아니며 더러운 것도 아니다. 죽음은 사람이면 도달하지 않을 수 없는 최후의 '골'임을 생각하면서 죽음에 대해 준비할 필요가 있다. 최후를 맞이했을 때, 전력을 다하여 살아온 자신에게 감사하는 마음과 아울러 사랑하는 사람들에게 감사의 말을 남기면서 떠날 수 있는 것이 이상적이 아닐까.

3. 시련의 극복*

1) 모든 과거가 내일에의 힘으로

어떤 인생이든 괴롭고 슬픈 일만 있는 것은 아니다. 어딘가 반짝반짝 빛나는 순간이 있게 마련이다. 괴로울 때, 자신의 기억 깊은 곳에 있는 그러한 빛을 간직한 시간을 끄집어낼 수 있다면 앞으로 나아갈 힘이 솟아날 것이다.

시련을 넘어선 뒤에는 그 시련을 극복했다는 기쁨이 새로이 기억 속에 깊이 박히게 될 것이다. 그리고 그것은 상쾌한 마음으로 맞이할 수 있는 빛나는 아침으로 기억될 것이다. 지금 이 순간을 힘껏 살아내는 자신이 미래의 자신을 굳건히 지탱해주게 되는 것이다.

어떤 가혹한 상황에 놓여 있을지라도 아침을 기대하는 마음

* 日野原重明, 私の幸福論, 大和書房, 2005, 제5장 참조.

을 잃어서는 안 된다. 아침이 언제까지나 시작의 아침이 되기를 바라고, 또한 그것을 믿고 살아야 한다.

'자연과 시간과 인내야말로 최고의 의사다'라는 말은 사람을 치유해주는 게 무엇인지 그 본질을 잘 이야기하고 있다. 살아간다는 것에는 반드시 슬픔이 따르게 마련이다. 그러나 슬픔의 수보다 훨씬 많은 기쁨이 우리 인생에는 준비되어 있으며, 우리에게는 그 기쁨을 민감하게 느낄 수 있는 능력이 있다.

우리는 괴로움 속에서 기쁨을 찾아내는 힘을 지니고 있다. 우리의 잠재력(潛在力)은 우리의 예상을 훨씬 넘어선다. 그런데 자기 안에 그런 미지(未知)의 힘이 숨어 있는 것을 당사자는 믿지 않는 경우를 많이 볼 수 있다. 나이를 먹어감에 따라 자기가 지닌 힘을 낮게 어림하는 버릇이 몸에 배어버렸기 때문이다.

스스로 견딜 수 없을 정도의 시련이 주어지는 일은 없다. 눈앞의 시련을 넘어설 날이 반드시 올 거라고 믿는 사람과 그렇지 않은 사람에게 있어서 그 시련의 과정과 의미는 다를 수밖에 없다.

기쁨이나 행복은 손으로 잡으려 해도 좀처럼 잡을 수 없다. 기쁨은 이미 자기 수중에 있기 때문이다. 그것을 느끼지 못하는 것은 기쁨이 없는 것과 다를 바 없다. 시련 한가운데 있을 때야말로 기쁨을 느끼는 감각을 자기 안에서 되찾아 연마할 필요가 있는 때다.

괴로움이나 슬픔에 빠져 다른 것을 생각할 여유가 없을 때 사람들은 기쁨을 느끼지 못한다. 자신의 일을 생각하는 데 급급한 사이, 괴로움만이 몸에 스며들어 느껴지는 것이다. 자기가 얻고 있는 것은 몽땅 잊어버리고 잃어버린 것만을 헤아리며 점점 고민에 빠지는 것이다.

그 사람의 눈에 이 세상은 절망으로 가득한 것으로 비친다. 그러나 눈에 비친 그 모습이 이 세상의 모습은 아니다. 두처에 사랑은 넘쳐 흐르고 있다. 다만 마음의 눈이 그것을 보지 못하게 되어버렸을 뿐이다. 괴로움 속에 있을지라도 마음을 자기의 것에만 두지 말고 다른 사람을 생각하는 여유를 가진다면 이상하게도 기쁨을 느끼는 감도(感度)는 높아져서 산다는 것에 대한 감사를 실감할 수 있게 될 것이다.

인생이란, 어려움과 시련을 넘어설 때 큰 힘을 얻어 전진하는 것이다. 시련을 겪으면서 몸으로 배우는 것은 그 앞에 놓인 인생을 힘차게 살아나가기 위해 꼭 지녀야 할 경험이다.

2) 시간을 자신을 위해 쓸 자유

인생 80의 시대라는 오늘날에는 정년 후에 20년의 세월이 남는다. 20년이면 인생의 4분의 1로, 노년기가 인생에서 가장 긴 시간이란 것을 실감케 한다. 그 어느 때보다 많은 자유 시간이 주어지기 때문에 더욱 그렇다.

자유롭게, 무언가에 구애됨 없이 자기 안에 잠들어 있는 좋은 유전자를 발굴하여 새로운 자신을 개발하는 일에 충분한 시간을 쓸 수 있다. 봉사활동에도 시간과 힘을 쏟을 수 있다. 아침에 일어나서 자기 전까지의 하루를, 그것이 축적된 일주일, 한 달, 일 년을 자기가 생각하는 대로 설계할 수 있다. 그것은 일찍이 경험할 수 없었던 것이다.

과거를 돌아보면 그 이전의 인생에서는 우리들이 재량껏 할 수 있었던 것이 의외로 적었다는 사실을 깨닫게 될 것이다. 현역시대에는 회사나 관청이나 학교에서 톱니바퀴의 하나로 활동해야 했고, 가정에서도 각종 집안일이나 육아 등에 많은 시간을 보내지 않을 수 없었기에 순수하게 자신을 위한 시간은 좀체 가질 수 없었던 것이다.

생활 속에서 무엇을 우선시하는지, 직업인 혹은 가정인으로서 어떤 꿈을 갖는지, 여가를 포함하여 시간을 어떻게 사용하는지에 이르기까지, 경제적·사회적으로 비슷한 경우에 있는 사람들 사이에는 공통점이 많았다. 비슷한 시간대에 출근하고 귀가하며, 비슷한 일주일을 보내고, 같은 '마이 홈'의 꿈을 꾸고, 아이들의 교육이나 자신들의 노후를 위해서도 비슷한 노력을 하며 사는 모습은 다른 사람들과 닮은 부분이 적지 않았던 것이다.

3) 가장 변화와 가능성이 많은 시기

60대부터는 인생을 둘러싼 외적 조건의 양상이 달라진다. 그 때부터는 외적 조건보다도 인생을 본인이 어떻게 살 것인가가 문제가 된다. 그때부터는 삶을 다른 사람과 비슷하게 만들기보다는 자기 고유의 것으로 만들어가야 한다는 것이 요구된다.

이전까지 받아온 적지 않은 제약(制約)과 의무와 속박에서 해방되어 인생을 자신이 디자인하는 대로 살 수 있다. 사람들의 사는 방식이 외적 조건에 의해 재단되지 않고 이토록 폭넓어질 수 있는 시기는 없었다.

정년을 계기로 시작하는 새로운 인생을 마음 두근거리며 맞이하는 사람이 있는가 하면, 어떻게 보내야 할지 당황하는 사람이 있는 것은 노년기를 받아들이는 태도가 다르기 때문이다.

자신의 노년을 어떻게 받아들이는가에 따라 사는 모습이 크게 달라진다. 바꾸어 말하면, 사람의 일생에서 변화와 가능성이 가장 풍부하며 가장 자기답게 살아갈 수 있는 시기가 노년기라고 할 수 있다. 그렇게 볼 때 노후를 더욱 잘살라는 인생의 최종과제(最終課題)는 실로 교묘한 응용문제(應用問題)와 같다고 생각되기도 한다.

자신을 위해 쓸 수 있는 시간이 충분히 있는데도, '이젠 젊지 않으니까…'라고 한숨만 쉬고 있는가? 혹은 누구도 필요로 하지 않는 쓸모없는 인간이 되어버렸다고 어깨를 떨어뜨리고 있지는 않은가?

누구도 노화를 피할 수는 없다. 노화를 어떻게 받아들이느냐에 따라 그 모습은 크게 달라진다. '늙었다'는 말을 들으면 많은 사람들이 노화에 따른 마이너스 이미지만을 떠올리지만, '늙음'의 모습은 실로 다양하다.

노화를 받아들이자. 이것은 노화에서 오는 현상이라고 느끼면 그뿐, 그 이상으로 끙끙대거나 걱정할 필요는 없다. 건망증이 있을지라도 큰일이나 관심이 있는 일은 결코 잊지 않는다는 태연한 여유를 가져야 한다.

노화는 피할 수 없다. 예컨대 노안이나 혈당치의 상승이나 연령에 따른 동맥경화나 가벼운 난청 등은 노화의 생리적 현상이다. 그러한 현상들을 당연한 것으로 순수하게 받아들이면 된다. 슬퍼한들, 아쉬워한들, 시간을 되돌릴 수는 없다. 그런 만큼 필요 이상으로 그런 사실에 구애받지 말아야 한다.

놓친 것에 대해 미련을 갖기보다는 아직 손 안에 있는 것에 눈을 돌리자. 그리하여 자신의 늙음에 마이너스 이미지를 갖지 않는 것이 무엇보다 중요하다.

마음이란 인체의 다른 기관과 달리 노화되지 않는다. 그럼에도 불구하고 마음가짐까지도 위축시켜버리는 사람들이 너무나 많다. 그러다 보면 노인 특유의 완고함이나 융통성의 결여가

시간이 갈수록 고립이나 고독으로 직결되어 쓸쓸한 노년기를 맞이하기 쉽다.

'상냥하고', '싱싱하며 활기찬' 노년을 살고 싶다면, 노화에 완강히 저항만 하지 말고 변화를 부드럽게 받아들이는 유연성이 필요하다. 그 여유는 상냥한 표정으로 얼굴에 나타날 것이다.

4. 인생을 어떻게 보낼 것인가?*

1) 목표로 가득 찬 하루하루를 살자

삶의 보람이 정신적 지주(支柱)로 생각되고 있지만, 삶의 보람을 갖고 발전적인 기분을 지니고 있으면 좋은 호르몬이 분비되어 면역력이 올라간다는 것은 의학적으로 증명된 사실이다. 매일 매일의 생활이 장기적인 목표에서 나날의 작은 목표에 이르기까지 목표로 가득 찰 필요가 있다.

히노하라 박사가 만 75세 이상의 사람들을 모아 2000년 가을에 만든 '신노인회(新老所の會)'에서는 병과 유전자, 그리고 생활환경이 어떻게 관련되어 있는가를 연구하고 있다. 그 성과가 밝혀지는 것은 10년 후쯤이 될 것이다. 그때 히노하라 박사는 100세를 맞이하게 된다. 그러나 그는 인생의 최후가 될 연구

---

* 日野原重明, "新生きかた上手", ユーリーグ, 제1장, 제6장 참조.

결과를 알 때까지는 죽을 수 없다고 말한다. 100세까지 산다는 것은 히노하라에게 있어서 단순히 오래 살겠다는 소망에 그치지 않는 절실한 목표다. 그만큼 강한 목표를 지니고 있기 때문에 그는 지금도 건강하다.

같은 병의 유전자를 지니고 있어도 발병하는 사람과 그렇지 않은 사람이 있다. 그 가장 큰 이유는 생활습관의 차이 때문일 것이다. 언제나 목표를 가지고 그 목표를 열심히 추구하는 삶이야말로 수많은 발병 유전자를 극복하는 밑거름이 될 수 있다.

나이를 먹어도 새로운 것을 시작할 수 있고, 사회를 변화시켜 갈 수 있다. 젊은 사람들이 '저렇게 나이를 먹고 싶다'고 생각하게 만들 수 있는 노인이 될 수 있어야 한다.

히노하라 박사가 100세까지 힘차게 살기 위해서 반드시 계속하고 싶어하는 것 중 하나가 늘 젊은 사람들과 접촉하는 일이다. 젊은 사람은 노인이 갖고 있지 않은 새로운 노하우를 지니고 있다. 노인은 낡은 노하우로 살아왔기 때문에 젊은 사람들로부터 접목(接木)을 받아야 한다.

그렇게 젊은 사람들과 접촉하여 새로운 유전자를 얻어 자기 목표를 달성해가야 할 것이다. 그리하여 언제나 박력을 갖고 살아가는 것을 평생의 목표로 삼아보자.

2) 시간에 생명을 불어넣어 자기답게 살자

새로운 한해가 시작되면 사람들은 생년월에 관계없이 일제히 한 살을 더 먹는다. 작년과 올해 사이에 극적인 변화를 보이는 사람은 드물지만, 대나무의 마디를 세듯 일년이란 달력의 단락을 지어 자기 성장의 증거로 삼는다.

히노하라 박사는 일 년을 아주 분주하게 살아간다. 하루 16시간을 일하며 일 년의 3분의 1 이상은 국내 출장으로 보내고, 외국에서의 강연이나 조사를 합하면 한 달이 넘는 시간이 된다.

3년 앞의 일요일과 경축일까지 예정이 꽉 찬 박사의 스케줄을 들여다본 사람들은 "이래서야 자기 시간도 없지 않느냐?"고 안타까워한다. 그러나 당사자인 히노하라 박사는 '시간이 없다'는 감각을 별로 못 느낀다고 한다. 아마 그것은 그가 눈앞의 매순간에 모든 것을 집어넣어 살며 그것에서 충실감(充實感)을 느끼고 있기 때문일 것이다.

누구에게나 시간은 1분 1초가 둘도 없이 소중하다. 그 귀중한 시간 속에 얼마나 밀도 높은 '자기'를 채울 수 있을까? 전신전령(全身全靈)을 기울여 자기를 사용하면 할수록 거기에 쓰인 시간은 자신에게 커다란 만족감과 기쁨을 가져다줄 것이다.

시간에 생명을 불어넣어 자신만이 맛볼 수 있는 자신만의 시간을 살 수 있도록 활용해야 한다. 시간은 누구에게나 똑같이 주어지지만, 시간의 길이는 사는 방식에 따라 크게 변한다.

인생은 하루 24시간을 어떻게 사용하느냐에 달려 있다. 시간이 부족하다고 느껴지는 매일이지만, 또한 인생이 얼마 안 남았을지라도 주어진 시간 속에 자신의 모든 것을 쏟아 넣을 수 있다. 그 시간 속에서 살고 있다는 기쁨을 충분히 맛볼 수 있다. 인생의 충족감은 시간의 길이가 아니라 깊이나 밀도에서 얻어지기 때문이다.

또한 자기를 위해서만 행동할 때보다 남을 위해 행동할 때 기쁨은 훨씬 크다. 자신의 시간을 남을 위해 사용하면 자신에게도 생각지 못한 기쁨이 주어질 것이며, 남을 신용할 수 있다면 그것이 자신을 믿는 힘이 될 것이다. 이렇게 남에게 쓸모 있는 사람이 될 때 인생을 살아가는 힘은 더욱 강해진다.

3) 히노하라(日野原)선생이 실천하는 10가지 생활습관

1. 소식한다.

90년대부터 하루의 식사 섭취량은 1,300칼로리로 제한하고 있다. 아침식사는 세 종류의 음료, 점심은 우유와 비스킷, 저녁식사는 야채가 듬뿍 들어간 식사로, 과식하지 않도록 주의한다.

2. 식물성 기름(植物油)을 먹는다.

매일 아침 주스에 식물성 기름을 큰 숟가락으로 하나씩 넣어 마신다. 피부의 탄력을 유지하는 데 도움이 된다고 한다. 올리브유든 뭐든 좋다고 한다. 또한 따뜻한 우유에 콩으로 만든 레시틴을 즐겨 먹는데, 이는 세포를 젊게 유지하기 위한 것이다.

3. 계단을 이용한다.

일이 바빠 운동이 부족할 때가 많기 때문에 병원이나 역, 공항에서는 반드시 계단을 이용한다. 그리고 될 수 있는 한 한 단씩 건너뛰며 오른다고 한다.

4. 빠르고 힘차게 걷는다.

공항 등에서는 움직이는 보도를 타지 않고, 움직이는 보도를 걷는 사람보다 빨리 걷는다. 등을 펴고 기운찬 발걸음으로 가볍게 걷는다.

5. 언제나 웃는 얼굴을 한다.

사람의 얼굴에는 웃는 얼굴을 만들기 위한 36개의 표정근(表情筋)이 있다. 나이와 더불어 쳐지기 쉬운 입가를 늘 단련하며 멋지게 웃는 연습을 한다.

6. 목을 돌리는 운동을 한다.

목의 관절을 부드럽게 유지하는 것이 젊음을 유지하는 데 있어 중요하다. 목을 앞뒤로 크게 움직이고 좌우로 자신의 뒤쪽을 보듯 움직인다. 그리고 크게 돌린다.

7. 숨을 토하여 끊는다.
후웃하고 숨을 토한 후에 한 번 더 후웃하고 토하며 끊은 뒤에 흡입한다. 공기가 폐에 가득 차 건강에 좋은 호흡법이다.

8. 시간을 잘 활용한다.
시간을 효율적으로 사용하기 위해 작은 틈도 아껴 쓴다. 예를 들어 항공기를 기다리는 시간에는 시작(詩作)에 집중한다.

9. 양복을 스스로 구입한다.
멋을 부리는 것도 잘살기 위해서 중요한 습관이다. 양복이나 와이셔츠 등 의류는 스스로 선택하여 구입한다.

10. 체중, 체온, 혈압을 잰다.
자기 몸은 스스로가 지키는 것. 그러기 위한 첫걸음은 신체를 관찰하고 기록하는 습관에서 시작된다.

(플러스) 젊은 사람들과 접촉한다.
젊은 사람들로부터 새로운 노하우를 배움으로써 새로운 발상을 할 수 있다. 물론 휴대전화와 컴퓨터에도 능하다.

제5장

고령자 문화 육성의
보금자리
- 사례연구

I. 고령자 평생교육의 요람

21세기 신개념의 노인복지를 위한
호수문화대학교 · 복지문화대학원

경기도 고양시에 위치한 일산노인종합복지관은 지난 2000년 4월 20일에 개관하여 올해로 6주년을 맞았다. 호수공원의 맑은 공기와 아름다운 자연경관이 어우러진 천혜(天惠)의 환경과 더불어 전국의 어느 복지관과 비교해도 결코 뒤떨어지지 않는 시설규모와 프로그램은 본 복지관뿐만 아니라 고양시의 자랑이라고 해도 과언이 아닐 것이다.

일산노인종합복지관은 지역 노인들의 풍요로운 노후생활을 위하여 계층별 노인들의 욕구를 충족할 다양한 복지프로그램을 개발 · 제공하고 지역 노인의 공동체의식을 조성함과 아울러 평생교육의 장으로서 그 역할을 다하여 노인의 삶의 질 향상과 지역사회 복지사업 발전에 기여함을 그 목적으로 하고 있다.

지상 3층·지하 1층, 총 1,408평 규모로 이루어져 있으며, 각 층별 주요 시설을 살펴보면 다음과 같다.

먼저 지하 1층에는 식당, 이·미용실, 당구장, 노인용품전시관과 공동작업장이 위치하고 있다. 1층에는 주간보호센터를 비롯하여 상담실, 대강당, 양방진료실, 수의제작실이 있고, 2층에는 어르신들의 컴퓨터교육이 이루어지는 사이버교실과 각종 교육프로그램이 진행되는 제1교육실, 음악/비디오감상실, 도서실, 명상실, 양방진료실, 복지부·총무부·취업알선 사무실 등이 갖춰져 있다.

마지막으로 3층에는 고전무용, 에어로빅, 현대무용 등 다양한 공간으로 활용되는 소강당, 서예실, 장기/바둑실, 탁구장과 더불어 체력단련실이 있다.

2005년 12월 31일 현재 총 22,200여 명이 등록했으며, 일일 이용인원 2,500명으로 전국 최고의 노인종합복지관으로 자리매김했다. 특히 이용 노인의 학력 및 경제 수준이 타 시·도에 비해 월등히 높게 나타나 이를 반영한 프로그램의 개발 및 운영이 요구되고 있다.

이에 따라 일산노인종합복지관은 차별화된 노인복지사업, 일반 노인복지사업, 지역사회 지킴이사업 등 3가지 사업축을 중심으로 프로그램 맵(program map)을 구성하여 140여 가지

프로그램을 운영하고 있다.

특히, 지역사회 노인복지 전문기관으로서의 기본역할을 수행하고 타 기관과의 차별화·고급화·전문화를 실현하고자 3년제의 '호수문화대학교'와 호수문화대학 졸업생들을 대상으로 하는 2년제의 '복지문화대학원'을 설립·운영하고 있다. 일반적인 사회교육프로그램인 노인대학이나 장수대학의 범위에서 벗어나 일반 대학의 체계를 도입, 소속감과 연대감을 고취하고, 실질적인 삶의 질 향상을 도모하여 고학력 노인들의 전문성을 지속적으로 향상시키며, 은빛봉사대의 활동을 활성화하여 지역사회의 지킴이로서 지역사회 복지 향상, 평생교육의 장으로 운영하고 있다.

일산노인종합복지관 부설 호수문화대학교 및 복지문화대학원은 다양한 국제교류활동도 추진하고 있다. 호수문화대학은 중국 연변노간부대학과의 자매결연을 통해 정보교류, 인적교류, 노인문화교류 및 정기적인 상호방문을 시행하며 양 대학 간의 협력을 강화하고 있다.

두 번째 축인 일반 노인복지사업으로는 취업알선사업, 공동작업장운영, 실비주간보호사업, 조사연구 및 홍보사업과 〈실버타임스〉 발행, 재가노인복지사업을 비롯하여, 의료사업, 상담사업과 국어·한문·영어·일어·컴퓨터 등의 다양한 사회교육사업, 식당·이미용·셔틀버스 등의 복리후생사업을 시행하고 있으며, 특화사업으로는 한뫼누리예술단 운영, 실버밴드, 수의제작, 공동농장 등을 운영하고 있다.

세 번째 축인 지역사회 지킴이사업으로는 다양한 세대가 함께 어울리는 호수노인문화축제와 어르신한마음체육대회를 비롯하여, 서울·경기 노인복지관 탁구대회 및 당구대회, 노인자원봉사대인 은빛봉사대 등이 있다. 뿐만 아니라 3차에 걸쳐 지역주민교육을 위한 방과 후 프로그램을 실시하여 노인 전용공간에 그치지 않고 지역주민들을 위한 공간으로 거듭났다. 특히 본 프로그램에는 어르신 강사를 적극 활용하여 세대간 활발한 교류의 장을 제공함으로써 명실 공히 전국 최대 규모의 노인종합복지관으로서의 위상을 이어가고 있다.

■ 호수문화대학교 및 복지문화대학원 현황

분류 / 내용	호수문화대학교	복지문화대학원
운영 목적	60세 이상의 지역 내 노인을 대상으로 3년제 6학기 교과과정을 편성·운영함으로써 다양한 프로그램을 통하여 지역사회의 고령자 복지 향상 및 평생교육의 장으로서의 기능을 수행하고자 함	호수문화대학교 졸업생들을 대상으로 2년제 4학기 과정으로 운영되며, 과목별 전문지도교수를 초빙하여 역사, 문화, 경제, 사회 등 전문적 교육을 시행함으로써 21세기의 신개념 고령자 복지를 수행하고자 함

	호수문화대학교	복지문화대학원
운영 방침	• 3년제 6학기 • 매년 신입생 450명 입학 • 6개 분과 총 31과목 운영 • 과목별 전문강사 임용 • 동 · 하계방학 및 휴학제도 운영 • 학생자치기구(총학생회) 운영 • 은빛봉사대 운영 • 실비 부담(월 1만원) ※ 수급자 및 국가유공자 무료	• 2년제 4학기 • 호수문화대학교 졸업생 대상 • 총 8과목 운영 • 명예지도교수제 활용 • 사회참여 프로그램 지향 • 실비 부담(월 1만원) ※ 수급자 및 국가유공자 무료
신청 방법 및 절차	회원 등록 → 대기자 접수 → 입학 상담 → 원서 접수 → 입학 → 수업 참여	호수문화대학교 졸업 → 원서 접수 및 면접 → 학기 개강 → 수업 참여

■ 교과 편성

분류 내용	호수문화대학교	복지문화대학원
교과 편성	• 무용분과 : 한국무용 I , II 포크댄스 I (A,B), II 댄스스포츠 I (A,B), II 사교댄스 III	• 필수 : 주제별 강의 율동(차밍댄스) 대중문화(가요)

| 교과
편성 | • 체육분과
  : 에어로빅 I, II (A,B)
    단학기공 I, II
• 교양분과
  : 전통문화유산론, 문학
    이론, 자서전론
• 음악분과
  : 한국무용 I, II, III,
    가곡, 민요, 노래교실
• 건강분과
  : 수지침, 건강마사지
• 교육분과
  : 중국어 초·중급, 생활일
    어, 생활영어, 목요특강 | • 선택
  : 목요특강
    생활명상
    풍수지리 (역학)
• 특활
  : 테마여행
    문화산책 |

■ 교수진

교수명	경력사항
정윤무 박사	현 호수문화대학교 총장
김각현 스님	현 사회복지법인 연꽃마을 대표이사
김갑주 박사	현 동국대학교 명예교수
김도경 박사	현 동덕여자대학교 명예교수
김보현 박사	현 동국대학교 교수
김영종 박사	현 동국대학교 교수
김진원 박사	전 부산대학교 교수

민준기 박사	현 경희대학교 초빙교수
박원표 박사	현 연세대학교, 한남대학교 대우교수
신근재 박사	현 동국대학교 명예교수
옥선종 박사	현 명지대학교 명예교수
유영상 박사	현 동국대학교 명예교수
유호룡 박사	현 안양대학교 교수
이영수 박사	현 경기대학교 명예교수
이종찬 박사	현 동국대학교 명예교수
조영록 박사	현 동국대학교 명예교수
최규철 박사	현 동국대학교 명예교수
최소자 박사	현 이화여자대학교 명예교수
홍윤식 박사	현 동국대학교 명예교수

2. 초빙교수 강의안(초록)

1) 한국 장묘문화의 개선방안

金 覺 賢*

생명이 있는 것은 모두 죽는다. 그것이 자연의 법칙이며 세상의 순리다. 고로 인간이 존재하는 동안 주검의 처리문제는 늘 있어왔다. 그러나 고대로부터 죽음 이후의 문제를 어떻게 보느냐의 관점에 따라 처리방법은 달랐다.

죽음의 문제는 그 자체가 신비이기 때문에 민족의 전통과 문화에 따라, 또는 민족의 신앙에 따라, 혹은 시대상황에 따라 주검처리 의례가 다르게 발전했다. 또 묘지를 죽은 자의 주거지로 생각하느냐, 혹은 단지 시체의 보존소로 보느냐, 또는 추모

---

* 사회복지법인 연꽃마을 대표이사.

와 기념적 형상물로 보느냐에 따라 분묘의 규모와 분묘 내의 부장품까지도 변모했다.

우리나라만 보더라도 고유의 장묘풍습으로 지석묘, 석관묘 등 토장풍습이 유행하다가 수렵을 생업으로 할 때는 습장, 토장 등 매장을 위주로 발전했고, 농경문화시대부터 유골을 영혼의 빙의체로 소중히 다루기 시작하여 급기야 묘지를 죽은 자의 주거지로 생각하여 거대한 묘지가 출현했다. 묘지에는 현세에서의 호화로운 생활을 내생에서도 누릴 수 있도록 생활필수품, 장식품을 함께 매장함은 물론, 심지어 신하나 첩, 노비까지 순장하는 것이 동서양을 막론하고 한때 유행했다고 기록되고 있으니, 인간의 욕망은 끝이 없는 것 같다.

그러나 불교가 우리나라에 전래되고 숭상되기 시작한 후 정치 · 경제 · 사회 · 문화 등 여러 분야에 새로운 불교사상이 조명되기 시작하면서 조상숭배방식이나 내세관 등 생활습속에 일대 혁신이 이루어짐으로써 장묘제도도 바뀌기 시작했다.

불교에서는 육체와 영혼은 분리된다고 생각했고, '선악업복'에 따라 육도(六渡)에 부침한다는 업(業)사상이 중시되었으며, 육체는 마음의 그림자일 뿐 결코 죽은 후에 모시는 대상은 아니라고 규정하고 있다. 《아함경(阿含經)》에도 "세 가지 법이 있어, 죽은 뒤에는 몸이 나무토막처럼 의식 없는 물질이 되고 만다. 어떤 것이 셋인가? 그 하나는 호흡이며, 다음은 체온이며, 마지막은 의식이다."라고 선명하게 말씀하고 계시다.

신라시대 이후 매장방법이 지배층에서부터 화장으로 바뀌기 시작하여 일반인에게까지 확대됨으로써 국민의 정서상 변화가 일기 시작했고, 고려왕조까지 약 1,000여 년 동안 화장문화가 자리를 잡았다.

이렇게 해서 우리나라에도 화장문화가 정착되는가 싶더니 조선시대 들어서 우리의 장묘제도에 또다시 일대 혁신이 찾아온다.

유교가 전해지면서 묘지는 추모와 기념적 형상물로 중요하게 여겨져서 신분을 가늠하는 기준이 되기도 했으며, 통치철학으로 매장제도를 규정으로 강요함으로써 장묘제도가 생존자 위주보다는 망자를 위한 의식이라고 말하지 않을 수 없게 되었다.

매장하는 것은 효도하는 것이며 조상을 숭배하는 것이고, 화장하는 것은 불효하는 것으로 간주되는 시대를 500년이나 살아온 우리로서는 국토의 많은 부분이 묘지에 잠식되어 자연환경이 훼손되고 토지활용에 장애가 생기며 국토의 효율적 관리에 대한 문제가 심각하게 노출되고 있지만, 묘지제도의 변화를 요구하는 목소리는 작기만 하다.

'살아서는 주택난, 죽어서는 유택난'을 겪고 있는 우리나라는 이제 필연적으로 화장제도를 수용할 수밖에 없다. 우리의 정서와 관습, 그리고 현대인의 신사고에 부응할 수 있는 화장

법과 조상숭배방식을 어떻게 연구·개발할 것인가를 진지하게 검토해야 한다.

화장 후의 유골처리방법으로는 산골, 납골당, 납골묘, 납골탑, 수목장 등이 있는데, 조상숭배나 제사봉행 등 국민 정서를 포용할 수 있는 방법을 다양하게 모색해야 할 것이다.

2) 일본문화의 이해

金 禱 經*

서 론

원래 '경작하다'라는 의미에서 나왔다고 하는 문화(culture)라는 단어가 지금처럼 '생활방식의 총체'라는 의미로 쓰이게 된 것은 200년이 채 안 된다.

문화라는 개념은 여러 가지로 정의될 수 있지만, 여기서는 일본이라는 국가나 민족을 단위로 하는 문화라는 맥락에서 특징을 이해해보기로 한다.

일본은 37만 7,737평방㎞의 땅에 약 1억 2천만 명이 문화를 공유하며 살고 있다. 일본인은 예로부터 중국이나 특히 우리나라에서 많은 문물을 받아들였고, 그 후 유럽이나 미국에서도 대량의 문화를 수입하여 자신들의 문화로 만들어갔다.

여기서는 일본 사회 구성원들이 어떻게 기본적 문제인 의식주를 해결했는지, 언어와 종교는 어떠했는지, 어떤 사고방식이나 행동양식을 가졌는지, 좀더 복잡한 사회제도나 조직들은 어떻게 운용되었는지 등에서 몇 가지만을 예로 들어 살펴봄으로

---

* 전 동덕여자대학교 대학원장. (재)한국경영정책연구원 이사장.

써 일본문화에 접근해보려고 한다.

일본의 신

일본에는 놀랍게도 800만이나 되는 많은 신들이 있다고 한다. 이런 어마어마한 숫자의 신들의 프로필에 대해서는 8세기의《고지기(古事記)》나《니혼쇼기(日本書記)》또는《후도기(風土記)》등에서 소개되고 있다.

메이지시대 이후 신도(神道)가 국교(國敎)로 정해져 국가신도가 태평양전쟁의 원동력이 되었다고 여겨지면서 신도는 배척되었고, 따라서 현재 신화교육은 학교에서 그 모습이 사라졌다. 그러나 이데올로기는 제쳐두고라도 신화에서 일본인의 민족으로서의 정체성을 읽을 수 있는 것은 어김없는 사실이다.

예를 들면 아마데라스오오미가미(天照大御神)가 이와야도에 숨자 이 세상이 깜깜해진다. 그래서 800만 신들이 일치단결하여 아마데라스오오미가미를 이와야도에서 끌어내어 이 세상에 빛이 돌아왔다는 것이다.

아마데라스오오미가미는 그 이름에서 나타나듯 태양신으로, 그 신이 숨어버리자 천지가 깜깜해졌다. 예로부터 쌀농사를 중심으로 하는 농경을 생업으로 해온 민족에게 있어서 여러 가지 은혜를 주는 태양은 무엇보다 소중한 것이며 그 원상복귀는 지상명령이었던 것이다. 신화는 황당무계한 이야기가 아니다. 거기에는 민족통합의 절실한 염원이 깃들어 있다.

신화에 등장하는 신들은 일본인들이 추구해왔던 영웅(hero, heroine)인 것이다. 그런 신들에게 일본인 조상들은 인생이나 일상생활의 모든 면에서 가호를 구해왔다. 지금도 일본 전국에 10만이 넘는 신사가 있고 거기에 모신 제신(祭神)이 옛날과 다름없이 숭배되고 있는 것은 그러한 신들이 사람들의 절실한 염원을 이루어준다는 굳은 믿음 때문이다.

히노마루(日の丸, 일장기)

일장기는 막말(幕末)에 내항한 이국선(異國船)과 구별하기 위해 도구가와 막부가 백지에 히노마루를 일본국의 후지나루시(배의 표적)로 정한 데서 시작되었다. 이것은 1885년(야스이(安井) 2년) 시마쓰나리아기라의 주창에 의한 것이다.

그래서 막부가 미국에 파견한 간린마루(咸臨丸)에 히노마루의 깃발을 올리고 태평양을 건넜다. 1870년(메이지(明治) 3년) 명치정부는 이것을 계승하여 히노마루를 나라의 표증으로 삼아 군함기로도 사용했다. 따로 법률상에 국기로 정한 것은 아니다. 그렇지만 히노마루가 육해군에 사용되고 군사대국의 상징이 되었기 때문에 패전 후에는 국민 사이에서 복잡한 기피심정이 생기기도 했다.

도꼬노마(床の間/안방의 상부자리)

이것은 무로마찌시대의 상류계급의 주택에서 거실을 장식하기 위해 상판을 약간 높여 만든 것이 그 기원이다. 일본의 전통예능, 다도, 꽃꽂이, 노(能), 요고꾸(謠曲), 렌카(蓮歌) 등 양식이 확립된 시기에 시작되었다는 것이 흥미롭다.

자기(陶器)

일본에서는 전쟁터를 누빈 무장들이 앞 다투어 명물이라 불리는 자기를 획득하는 데 혈안이 되어 있었다. 일본에 있어서 자기는 유럽에 있어서 보석과도 같은 존재였다. 원시적 자기 제조기법은 우리나라에서 도래한 것이다.

오미구지(제비뽑기)

절이나 신사에 참배하러 가면 운을 알려주는 제비뽑기를 한다. 맞을 리가 없다고 생각하면서도 대길이 나오면 크게 기뻐하고 대흉이 나오면 기분이 가라앉는다.

오미구지란 신의를 물어보고 길흉을 점치기 위해 사용한 나무나 대나무나 표, 종이쪽지에서 유래한 말로서, 점과 동의인 첨(籤)이라는 글자로 표현한다.

빠찐꼬

빠찐꼬는 현재 일본 최대의 레저로서 시장규모는 주택사업이나 자동차산업에 필적할 정도다. 빠찐꼬는 일본에서만 발달한 오락이다. 미국이나 유럽인은 빠찐꼬처럼 세밀한 기술을 요하거나 소음이 시끄러운 게임을 좋아하지 않는 것 같다. 빠찐꼬가 일본에서만 번영하고 있는 첫째 이유는 손쉽게 할 수 있는 도박이기 때문일 것이다.

인스턴트라면

인스턴트라면의 등장은 1958년 일본 닛신(日淸)식품의 치킨라면이 최초다. 그러나 원래 라면은 중국인의 발명품으로, 한국전쟁 때 중국병사들에게 제공한 일이 있고, 다만 이것을 상품화한 것이 일본인이다.

오쭈우겐(御中元)과 오세이보(御歲暮)

일본 공무원들에게는 1년에 두 번씩 합법적으로 뇌물을 받을 권리가 있다.

하나는 7월 초의 오쭈우겐이다. 원래 대륙에서 건너왔다는 이 관습은 어버이에게 여름철 선물을 하는 것이었지만, 지금은 평소 신세를 진 사람에게 선물을 보내는 것으로 변형되었다.

또 연말의 세찬에 해당하는 오세이보라는 제도가 있다. 이때가 되면 일본 전국 백화점들의 매상이 엄청나게 오른다. 평소 신세를 진 공무원이나 기업 직원들에게 줄 선물을 백화점에서 구입해서 배달을 의뢰하기 때문이다.

스모(씨름)

스모는 고지기의 다게마가즈지노가미(健御雷神)와 다게미나가다노가미(健御名方神)라는 두 신이 힘자랑을 하며 나라를 물려주었다는 것에서 시작된 것으로 보여 그 역사는 신화의 시대로까지 거슬러 올라간다고 한다.

현재는 스포츠라고 생각하는 경향이 많으나, 의식이자 볼거리이자 점을 치는 것으로서 오랜 요소를 남기고 있다.

3) 복지와 재정

朴 元 杓*

사회문제로서의 복지

복지(welfare, 福祉)란 공공단체(국가, 지방단체 등)가 사회 구성원의 인간생활의 최저권을 보장해주는 사회정책이며, 재정(public finance, 財政)이란 공공단체의 수입과 지출, 그리고 자산상태를 다루는 정책 영역을 뜻한다. 한 사회의 복지의 크기와 질이 그 사회의 행복의 기준이 되는 것은 자명하다. 그런데 복지는 돈이 필요한 영역이며, 여기에 소요되는 자금을 어떻게 조달·운용하느냐에 따라 복지정책의 성패가 좌우된다. '뒤주에서 인심난다'라는 옛 속담이 이를 잘 나타내고 있다. 다시 말하면 복지와 재정은 동전의 앞면과 뒷면인 셈이다.

사회복지를 다루는 입장에 따라 잔여적 복지(residual welfare)와 제도적 복지(institutional welfare)로 나눌 수 있는데, 공공단체가 아닌 본인, 가족, 또는 시장 등이 복지를 다루는 형태가 전자이며, 적극적으로 공공단체가 복지를 다루는 것이 후자이다. 오늘날 모든 국가사회에서 일반적인 복지의 형태

---

* 전 한국지방재정학회 회장. 한남대학교 명예교수.

는 후자이다.

권리로서의 복지

자본주의 사회에서는 생산요소가 자본과 노동으로 이루어져 있다. 자본과 노동은 시장이라는 구조(mechanism)에서 균형을 이루고 교환된다. 시장은 경쟁이라는 기능을 통해 균형을 성립시키지만, 경쟁이 불완전해지면 균형이 깨져서 자본과 노동 간에 비효율이 발생하게 된다. 비효율이란 경제적으로 사회적으로 '억울한 상태'를 의미하며, 사회적 비용을 증가시킨다.

이 비효율에서 빈곤, 효율적 분배의 상실, 경제적 약자 등 이른바 '빈익빈, 부익부'의 현상이 심화됨으로써 개인의 잘못이나 무능을 초월하는 체계로서의 비효율이 발생하여 사회적 비효율의 해결은 개인의 문제가 아닌 체계의 문제, 즉 사회문제로 변질하게 된다. 따라서 복지문제는 개인문제가 아닌 사회문제이고, 이것은 시혜의 영역이 아닌 자본주의 사회 시민의 권리로 지양(Auf heben)되게 된다.

2005년 10월에 미국 세인트루이스시에 닥친 허리케인 카트리나로 인한 피해는 개인의 문제가 아니라 국가와 사회의 문제인 것이다. 당시 독일의 총리 슈뢰더는 이를 국가가 의무를 게을리 한 탓이라고 질타하며 부시정권의 복지축소정책을 꾸짖었다.

현대사회의 특성

2005년 통계에 따르면, 우리나라에서 4인 가족 생계비(국가가 정한) 136만3천200원 이하의 빈곤층은 총 인구 4천800만 중 500만에서 716만 명, 즉 14.9%에 달하고 있다. 2020년이 되면 인구 5명 중 1명이 65세 이상의 노인이며, 생산인구 3명 중 1명이 50세 이상의 준 고령층이 된다고 한다. 현재도 노인층(65세 이상)의 51.5%가 스스로 생활비를 확보하고 있다고 하나, 그 중 52%가 월수입 50만 원 이하인 점을 감안하면, 노인의 자력으로 생활하는 비율은 23.2% 이하임을 알 수 있다. 이런 현상은 인구감소와 소득분배의 왜곡에서 주로 초래되는 것으로, 소득만으로는 육아, 교육, 노부모 부양 등 국민의 기초생활이 어렵다는 것이며, 이는 국가사회 전체의 생산성 저하를 일으키며 잠재생산성까지 파괴하고 있는 실정이다.

고대 그리스의 철학자 메난드로스는 "가난에 쫓기는 생활은 삶이라고 할 수 없다."라고 했다. 인간다운 생활이 확보되지 않고는 그 국가와 사회는 존립과 유지가 어려운 것이다. 나아가 자본주의사회는 모든 가치(value)가 상품으로 구체화된다. 교환성이 없는 것은 아무리 귀한 것이라도 무가치해져서 상품으로서는 퇴출된다.

모든 재화(goods and services)는 상품성이 있어야 하며, 상품성, 즉 교환성은 이윤창출이 극대화되어야만 존립할 수 있다. 학문의 연구도 교환성이 없으면 무가치한 것으로 전락되어 연구 자체가 불가능해진다. 오늘날 모든 국가의 교육이 산학(産學)일체라는 것은 이런 현상을 잘 보여주는 것이다. 심지어 종교라는 가치영역을 벗어난 영역까지도 대형화, 매스미디어(mass-media)화, 세습화하는 것 역시 물신주의를 보여주는 예이다. 여기에 가치창출의 전문화에서 교환성이 없는 자본이나 노동은 존립이 어려워져서 이른바 자본주의 질서에서 소외되어버린다.

오늘날 우리 사회의 양극화현상이 바로 이런 것이며, 이 질서에 참가하지 못하는 장애인, 어린이, 노인, 여성, 실업자, 그리고 생계비 이하를 수입으로 하는 노동자 등이 양산되고 있다. 더욱이 세계화라는 질서에 동참하지 못하거나 불리한 입장에 있는 국가들 역시 세계적 자본주의 질서에서 소외되어 존립 자체가 어려워진다.

복지의 재투자성

재생산(생산이 계속되는 상태)이 불가능하면 자본주의 사회도 붕괴된다. 노동의 재생산은 가정(household)에서만 가능하다. 자본의 이윤 역시 재생산에서만 가능한데, 재생산이 어려워지면 이윤창출 역시 불가능하게 되어 자본의 상실을 초래한다.

재생산으로 가족이 건전하게 존속되어 안정된 가정이 보장됨으로써 노동의 재생산이 가능해지고 자본의 이윤창출 역시 가능해진다. 따라서 가정의 건전화, 즉 가족의 건전화는 자본주의 사회 존립의 핵심이다. 이윤창출을 위하여 싼 노임과 싼 자본재만이 가장 효과적이라고 생각하는 것은 나락으로 가는 지름길이며 '논 팔아서 밥 사먹는' 격이다. 자본과 노동의 균형이 이루어질 때만 재생산이 가능하고, 그럴 때만 생산성의 향상이 보장될 수 있다.

구매력이 없는 자본주의 사회는 결국 붕괴의 길을 가고 있는 것이다. 복지정책은 자본과 노동의 균형을 가능케 하는 지름길이다. 그것은 국민의 삶을 보장하고 국민의 삶을 위하여 노동과 자본의 관계가 건전하게 활동할 수 있게 하는 것이기 때문이다.

총생산은 총소비와 총투자라는 것은 기초적 경제 지식이다. 그런데 총투자가 총저축과 항상 일치하지는 않고, 부족하든가 초과하든가 한다. 부족할 때는 총소비를 줄여서 균형을 맞출 수 있으나 초과할 때는 그 초과분을 처리해야 하는 문제가 있다. 그 해결책은 두 가지가 있는데, 하나는 군비요 또 하나는 복지다.

군비는 투자를 하지 않고 총생산에 균형을 이뤄주기 때문에 자본주의 국가에서 잘 사용하는 방법으로, 대표적 국가가 미국이다. 그러나 거기에는 전쟁이라는 '악'이 동반된다. 한편 북유럽의 복지국가들에서는 복지정책을 통해 총저축과 총투자, 나아가 총소비의 균형을 이루어 총생산의 균형을 맞추고 재생산을 가능케 한다. 물론 전쟁이라는 '악'은 끼어들 수 없다.

2002년 기준으로 OECD 국가들의 국민총생산과 사회복지 지출의 비율을 보면 미국이 14.6%, 스웨덴 31.4%, 독일 28.4%, 프랑스 28.8%, 한국 8.7% 등이다. 복지가 잘 갖춰진 나라가 사회통합이 잘 이루어지며 사회통합을 통해 그 국가사회의 생산성이 높아지는 것이다. '억울한 사람', '억울하다고 생각하는 사람'이 많은 나라에서 통합과 생산성 향상은 절대로 이루어질 수 없다.

복지와 재정

2002년 OECD 국가들 중 중앙정부예산에서 복지예산이 차지하는 비율을 보면 미국 28.2%, 일본 36.8%, 독일 50.0%, 프랑스 38.8%, 스웨덴 46.2%, 영국 36.5%, 멕시코 21.1%, 한국 17.2% 등이다.

그런데 한국의 경우 교육비 일부(지원금)가 이 수치에 포함되어 있기 때문에 실제로는 더 낮다. 적어도 한국의 경우 순 복지예산이 25% 정도는 되어야 한다. 민주주의 제도에서 가장 주요한 덕목은 기회균등이다. 기회균등이 보장되지 않고는 평등사회가 이뤄질 수 없기 때문이다. 현실적으로 이런 제도가 구체화되는 제도 중 중요한 것이 교육제도다. 2002년 가계지출과 교육비, 주거비 지출 비중을 일본과 비교하면 일본 10.2%, 한국 30.8%로, 한국이 일본의 3배 정도 된다. 이것은 가난의 대물림을 의미한다. 교육비 역시 고식적인 국민교육에서 벗어나 사회복지적인 입장에서 교육의 내용과 위치를 다시 점검해야 한다.

교육의 사회적 기능과 부담이 재조명되어야 한다. 2005년도 한국 정부예산은 복지예산이 54조 7천억 원으로, 전년도 대비 증가율이 10.8%로 가장 빠른 속도의 증가세를 보이고 있다.

그러나 국내총생산 대비 복지예산 점유율은 10%로 OECD 평균비율 25%에 훨씬 못 미치고 있다. 국방비는 22조9천억 원으로 연 평균 증가율이 10% 정도인 반면, 복지예산의 증가율은 연 평균 9%에 머물고 있다.

한국사회는 다른 국가들에 비해 어려운 위치에 있다. 통일문제, 미국의 압력, 주변 열강들의 각축, 해방 이후 40년 이상의 부패한 군부독재 등으로 다른 국가들에 비해 재정의 우선순위가 무척 제한적이다. 그러나 현대국가가 지향해야 할 방향을 정확히 파악하고 이를 국민적 합의 위에서 설정하여 묵묵히 나아가야 한다. 그것이 바로 복지국가다.

　여기서 잊지 말아야 할 전제조건이 있다. 그것은 국민이 정직(正直)해야 하고 정부는 효율적이어야 한다는 점이다. 복지는 정직과 효율이라는 자양에서만 크는 나무이다.

4) 노인건강과 체육

崔 圭 喆*

노인의 개념

현대사회는 문명과 과학기술, 그리고 의학의 발달로 인해 평균수명이 연장되고 있다.

이에 따라 전 세계적으로 고령화 사회에 대한 관심이 높다. 그리고 고령화 사회에서 가장 주목받고 있는 것은 건강이다. 여기서는 노인건강에 있어서 체육활동이 왜 필요한지에 대하여 얘기하고자 한다.

노인의 개념을 규정함에 있어서 노화의 개념을 살펴보면, 노화란 생체기능이 쇠퇴해가는 상태라고 정의할 수 있는데, 일반적으로 정신적·육체적·문화적으로 여러 가지 요인을 내포하고 있다.

노인에 대한 개념은 한 국가나 사회의 경제적·문화적 배경과 관습은 물론 현재 및 미래에 주어지는 여건에 따라 다르기 때문에 단정적으로 정의를 내릴 수는 없다. 노인이란 주로 비생산적인 연령(post-productive age)을 뜻하며, 그 기준은 나

---

* 동국대학교 명예교수.

라에 따라 차이가 있다. 미국, 프랑스, 스웨덴, 네덜란드 등은 대체로 정년퇴직의 시기를 기점으로 보통 65세 이상을 노인으로 간주하나, 일본의 경우 정년퇴직이 60세 전후에 시작되고 있어서 구미 산업국가에 비하면 사회학적 의미의 노년기가 좀 더 일찍 시작되는 셈이다.

한국 노인의 의식구조에 나타난 바에 의하면, 노후생활의 시작 시기를 60세 정도라고 인식하고 있는 경우가 대부분이다. 현재 사회여론에 따라 사회적인 의미의 노년기가 연장되고 있는 실정이지만, 정년퇴직 연령은 대체로 55~60세이며, 환갑인 60세가 되면 노인으로 규정되고 있다. 또한 대한노인회에 가입할 수 있는 연령을 만 65세로 규정하고 있다.

제2회 국제노인학회에 의하면, 노인이란 환경의 변화에 적응할 수 있는 자체 조직에 결손이 있는 사람, 자신을 통합하려는 능력이 감퇴되어가는 시기에 있는 사람, 생활 자체의 적응성이 정신적으로 결손이 생기는 사람, 조직 및 기능이 소모되어 감퇴현상에 있는 사람으로 규정하고 있다. 따라서 노인이란 단순히 연령에 의해 규명될 수 있는 것이 아니며, 인간의 노화과정에서 나타나는 생리적 · 육체적 · 심리적 · 정서적 · 환경적 행동의 변화가 상호 작용을 하는 복합적인 형태의 과정에 있는 종합적인 개념으로 정의할 수 있다.

노인의 특성

노화현상을 생리적 측면에서 볼 때 가장 먼저 나타나는 것은 시력감퇴다. 시각은 40세를 넘으면 노안이 되어 예민도가 줄어들고, 그 예민도는 나이가 들수록 심해져서 70~90세가 되면 노인성 백내장이라는 현상이 나타나 시력은 급속히 떨어진다. 시력이 떨어지면 행동의 속도는 느려지고 적극성도 줄어들며 뇌세포의 노화에 너욱 박차를 가하게 된다. 또한 폐의 기능도 악화되고, 혈액 면에서는 적혈구의 저항이 약해질 뿐만 아니라 피를 만드는 기능도 약해져서 빈혈을 유발하게 된다.

그 외에 대체로 나이가 많아지면 신경이나 근력이 쇠퇴하고 근육의 반응시간이 길어지기 때문에 행동이나 작업이 느려지고 세심한 일을 하지 못하며, 이에 따라 사고의 위험성이 커진다.

노인의 심리적 특징으로는 경제적인 불안감, 생활 부적응에서 오는 불안과 초조감, 정신적 흥미의 감퇴에서 오는 내폐성, 육체적인 쾌락 추구나 활동성의 감소, 성적 충동의 감퇴, 새로운 상황에 대한 학습이나 적응의 곤란, 고독감, 질투심, 보수적 성향, 우둔, 과거에 대한 집착, 회고, 누추함 등이 제시되고 있다.

또한 노인은 다른 연령층과는 다른 특유한 사회적·심리적·신체적 욕구를 가지고 있는데, 가능한 한 오래 살고 싶은 욕구, 집단활동에 계속해서 적극적으로 참여하고 싶은 욕구,

자신이 갖고 있는 특권인 소유물, 권리, 권위, 위신 등을 보호하려는 욕구, 죽음을 위엄과 편안으로 맞고자 하는 욕구 등이 그것이다. 따라서 노인에게는 안정의 욕구, 승인욕구, 지식욕구, 애정욕구, 생존욕구 등이 있다고 할 수 있다.

오늘날 한국의 사회와 문화는 젊고 유능한 세대들에 의해 주도되고 있어서, 일제 하에서 별다른 교육도 받지 못하고 전쟁을 겪고 생활고에 시달리며 살아온 세대에게는 별 의미가 없다. 그러나 분명한 것은 노인에게도 집단활동에 계속 적극적으로 참여하고 싶은 욕구가 존재한다는 것이다.

일반적으로 노인은 그 존재가치가 저하됨에 따라 젊은이들로부터 무시를 당하고, 가족이나 친척들, 심지어는 노인들 사이에서도 대수롭지 않은 존재로 여겨지고 있으며, 고집과 거부성을 띠고 있어 단체활동을 할 경우 다른 단체와의 타협과 수용이 개인보다 어려운 형편이다. 또한, 노인은 사회 참여나 사회적 이익을 취할 수 있는 기회를 놓치기 쉽고, 불이익이 누적되어 소외되게 마련이며, 가족 구성원으로서나 일에 있어서 역할과 기능을 상실해간다. 그리고 늙음에 대한 올바른 자아인식이 부족하고, 이미 노쇠하여 기능이 저하되었음에도 불구하고 자신을 젊은이와 비교하여 노인으로서의 새로운 역할에 적응하기보다는 젊은이의 역할을 계속하려는 경향을 보인다. 하지만 사회적 특징을 잘 반영하는 제도적 장치는 전무한 상태이므로 다원화된 사회적 노인문제를 해결하기 위한 방안이 시급한 상황이다.

노인체육의 필요성

우리나라 노인인구는 세계에서 유래를 찾을 수 없을 만큼 빠르게 증가하고 있다.

통계청(2005)의 장래인구추계에서 우리나라의 65세 이상 노인인구는 1970년에 3.1%였던 것이 1990년 5.1%, 2000년 7.2%, 2005년 9.1%, 2010년 10.9%, 2018년 14.3%, 2026년 20.8%로 빠르게 증가할 것으로 추정되고 있어서, 현재의 고령화 사회 진입과 고령사회에 대비한 다양한 노인대책이 요구된다고 할 수 있다. 이는 우리나라가 고령사회에 도달하는 데 걸리는 시간이 약 18년으로, 프랑스 155년, 스웨덴 85년, 영국 45년, 독일 45년, 일본 24년에 비해 매우 짧을 것이라는 예측을 통해서 알 수 있다.

노인인구의 증가는 노인의 역할 상실, 부양 및 보호문제, 여가시간의 활용, 건강문제, 사회·심리적 고립과 소외, 국가경제 등 제반 사회문제를 수반한다. 따라서 이러한 문제들을 해결하고 노인의 복지를 향상시키기 위한 다양한 정책이 가시화되고 있다. 실제로 고령화 사회에 진입한 2000년을 기점으로 노인체육진흥을 위한 정책이 전면에 부각되었고, 2002년에는 체육 분야를 포함한 '고령사회에 대비한 노인보건복지 종합대책'이 국무조정실 노인보건복지 대책위원회에서 제시되었다.

그러나 아직까지는 노인의 삶의 질을 향상시키기 위한 정책이 부족한 실정이며, 여가시간이 생활의 전체라 할 수 있는 노인들의 여가 관련 대책과 여가활용의 주요 영역인 체육정책 또한 부족한 실정이다. 특히 평균수명 연장에 비해 건강수명이 단축되면서 체육활동을 통한 건강수명 연장이 사회의 중요한 관심사로 부각되고 있다.

성공적 노후생활에 있어서 건강의 중요성은 기존의 연구결과들을 통해서 검증되고 있다. 실례로 미국에서 10여 년에 걸쳐 성공적 노후에 관한 연구를 수행한 맥아더 재단(MacArthur Foundation)의 연구결과에 의하면, 성공적 노화를 위해 적당한 운동과 식사조절 등으로 질병과 장애를 피하고, 높은 수준의 정신적 · 신체적 기능을 유지하며, 활기찬 생활을 통해 의미있는 삶을 영위하는 것 등이 중요하다고 보고하고 있다. 이외에도 성공적 노화를 위해 유연성이 중요하다는 것을 강조하면서 적절한 체육활동 프로그램을 통해 자기관리와 사회적 행동, 그리고 지각된 통제능력 등에 도움이 되는 유연성을 향상시키고 이를 통해 노화를 지연하고 예방하는 것이 필요하다고 주장하고 있다. 이런 결과는 체육활동을 통한 심신의 건강 유지가 성공적 노후생활의 중요 요소임을 보여주고 있다.

이와 같이 노인의 체육활동은 심신의 건강 유지를 통한 성공적 노후생활뿐만 아니라 고령화 사회에서 빠른 속도로 증가하고 있는 노인 의료비 증가문제에 대한 해결책으로서도 중요한 의미를 갖는다. 이러한 사실은 체육활동에 1달러를 투자할 경우 3달러의 의료비 절감효과가 있다는 데서도 알 수 있다.

노인의 체육활동 참여 증진은 단지 개인적으로 시간을 유용하게 보내는 것 외에 권리주체로서 노인에 대한 인식에서 새로운 사회적 역할을 제시하는 것이 중요하다. 즉, 조직화된 스포츠 참여를 통해 동호인조직에서 자원봉사와 리더 등의 일정한 역할을 수행하고 팀스포츠에서도 적절한 역할을 하게 되는 역할수행(role-taking)이 새로이 이루어지는 것이다. 또한 기본 기술을 습득하고 관련 정보를 습득하는 학습과정도 체육활동에서 이루어지는데, 이러한 과정을 통해서 자신의 정체성에 대한 긍정적 인식을 형성하여 적극적이며 활발한 역할을 추구하게 되기도 한다.

노인체육이 노인문제와 관련되어 논의되는 주된 이유는 체육활동이 노인의 삶의 질과 밀접히 관련되어 있기 때문이다. 다시 말해 의료기술의 발달과 도시화 등으로 노인인구가 증가하면서 발생하는 노인의 역할상실, 심신의 건강, 증가된 여가시간의 활용문제 등을 체육활동이 적절히 해결해주는 기능을 담당하고 있기 때문이다.

노인의 체육활동 시 고려사항

노인은 집중력이 약하고 체력적으로도 노년기에 접어들었기 때문에 적극적인 신체활동에 자주 참가하기 어려운 심리적 · 사회적 조건을 지니고 있다. 그러나 노년기의 운동부족은 노화현상을 촉진하고 각종 질병에 저항하는 능력을 저하시켜서 질병에 감염되면 이로부터 회복하는 데 상당한 시간이 걸리고, 큰 어려움이 수반된다. 따라서 노년기의 체육활동은 무리하지 않는 범위 내에서 지속성을 유지하며 규칙적으로 행하는 것이 바람직하다. 한편 노년기의 체육활동은 상대적으로 체력이 왕성한 장년기에 있어서의 체육활동과는 상이한 의미를 지니고 있다. 즉, 장년기에는 직업활동이 생활의 주가 되고 여가활동이 부수적인 위치를 차지하는 반면, 노년기에는 이와 반대의 경우가 되는 것이다. 결국 노년기의 신체활동은 삶의 보람을 자극하고 유지시켜주는 생활의 중요한 수단이 된다.

현재 노인을 위한 체육활동계획은 사회적 관심으로부터 멀어져 있는 것이 사실이다. 시설 면에서 보더라도 경로당, 노인정 등의 시설은 상당히 협소하여 신체활동을 전개하기에는 부적합한 편이며, 최근 비교적 활발히 이루어지고 있는 노인학교에서의 신체활동도 이들을 지도할 전문적인 지도자가 없는 관계로 소기의 목적을 달성하지 못하고 있는 실정이다.

결국 미래사회에 있어서 노인들의 신체활동을 좀더 적극적으로 유도하고 활성화시키기 위해서는 이용 가능한 시설의 확보와 지도자의 양성도 중요한 과제임에 틀림이 없으나, 이들의 체력과 흥미를 고려한 다양한 프로그램의 개발 및 보급이 무엇보다도 선행되어야 할 것이다. 이와 같은 맥락에서 노인의 체육활동 프로그램은 다음과 같은 사항들을 고려하여 개발되어야 할 것이다.

첫째, 노인의 신체조건 및 체력수준을 감안하여, 에너지의 소비가 많은 종목은 가급적 피하고 단체활동을 위주로 하는 내용으로 구성하도록 한다. 이러한 활동을 통해 노인은 집단 속에서 행동하는 즐거움을 맛볼 수 있고, 소외감을 해소할 수 있기 때문이다.

둘째, 시간과 장소에 구애받지 않고 유희성과 흥미도가 높아 규칙적으로 참여할 수 있으며 신체기관의 기능을 정상적으로 유지시켜 노화방지에 도움이 되는 종목을 적극적으로 권장해야 할 것이다.

셋째, 야외에서 자연과 호흡하며 즐길 수 있는 종목을 개발해야 한다. 노인은 대부분의 시간을 실내의 좁은 공간에서 보내는 경우가 많으므로, 가급적 야외로 나가 보행하는 기회를 가질 수 있도록 하는 프로그램이 바람직하다.

이와 같은 내용이 포함된 체육활동은 노인의 일체감, 우의, 소속감, 성취감 등의 사회성을 함양시켜주며, 심리적으로 안정시켜주고, 특히 신체건강 유지에 크게 이바지할 수 있다.

맺음말

인간에게 있어서 일이란 삶을 지속시켜주는 수단임과 동시에 정체감과 자위의식을 제공하는 역할을 담당한다. 일에서 은퇴할 때까지 사람들은 일반적으로 어려운 상황에 자주 직면하게 된다. 생활체육 프로그램 활동은 노인에게 이런 변화에 적응할 수 있는 기제를 제공한다. 또한 노인에게 자기인식, 지위감, 창조성, 성취감을 느낄 기회와 타인에게 기여할 기회를 제공하며, 타인과 사회적으로 상호 작용을 할 기회를 제공한다. 개인적인 유대감을 형성할 수 있는 기회는 가족으로부터 소외당하고 있는 노인들에게 매우 중요하다고 할 수 있다. 이런 활동은 배우자를 잃거나 이혼한 노인에게 있어서 이성 간의 우정을 쌓는 계기가 될 수도 있다.

결과적으로 생활체육 프로그램은 노인에게 신체적 · 정신적으로 발달할 기회를 제공하고, 신체활동을 통해 순환기와 근육의 강도를 개선시키며, 체중 감량을 돕고, 긴장 해소에 도움을 주고, 신체적으로 만족감을 느끼는 데 도움을 줄 수 있다. 또한 지식과 기술을 확장하고 발전시킬 수 있는 기회를 제공함으로써 성취감 및 새로운 지식의 획득에 대한 기대를 낳게 할 수 있다.

이렇게 생활체육에의 참여는 여가시간의 가치 있는 활용을 위한 기회를 제공함으로써 노인의 생활을 건강하고 윤택하게 해주며, 자기인식과 자아존중 등의 정서적 욕구를 충족시켜준다. 그것은 새로운 경험을 제공할 수 있으며 새로운 흥밋거리를 제공할 수 있다.

노인이라는 특정 집단에게 생활체육을 제공하는 책임을 지는 지도자들은 노인의 능력과 자원을 지나치게 조직화하거나 단순화하거나 과소평가하지 않는 것이 중요하다. 노인의 독립감, 지적인 느낌과 통합감 등을 존중하고 이를 촉진하는 것이 필요하며, 많은 노인의 일반적인 신체적 퇴화를 고려하여 시각·청각의 둔화 같은 노인의 신체적 결함에 따른 특정한 욕구를 인식하고 있어야 한다.

3. 고령세대의 대변지 〈실버타임스〉

창간(創刊) 5주년 회고(回顧) :
노후 '삶의 지혜' 제공 다섯 돌

李 順 遠(〈실버타임스〉 편집국장)

지금 우리는 세계에서 유례없는 급속한 고령화 시대에 살고 있습니다. 통계청이 발표한 '2005 고령자 통계'에 따르면 현재 65세 이상 노인은 총 438만 명으로 전체 인구의 9.1%를 차지한다고 합니다. 지난 2000년에 '고령화 사회'에 진입한 우리나라는 오는 2018년에는 65세 이상의 비율이 14.3%로 '고령사회'에 들어서고, 2026년에는 20.8%로 '초고령사회'에 도달할 것으로 전망됩니다. 그러나 1명의 여성이 평생 낳는 자녀 수인 합계출산율 추정치는 1.22명에 불과하다고 합니다. 이런 추세라면 2017년에는 65세 이상 노인의 숫자가 어린이(0~14세) 인구보다 많아질 것으로 전망되고 있습니다.

한편 노인들이 스스로 권리를 찾으려 노력하는 '노권(老權) 신장운동'도 곳곳에서 전개되고 있습니다. 노후의 지혜와 교양을 갖추려는 노력이 전개되고 있고, 그에 따라 노인들의 봉사와 솔선수범(率先垂範)도 요구되고 있습니다.

우리 신문은 65세 이상 노인이 7.2%로 우리 사회가 '고령화 사회'에 진입한 첫 해인 2000년 11월 20일에 창간되었습니다. '전국 노인들의 대변지(代辯紙)로서, 사회 참여의 길잡이로서 그 역할과 기능을 다한다'는 슬로건 아래 창간(創刊) 5년, 지령(紙齡) 50호에 이르렀습니다. 그간 전국 유일(唯一)의 노인생활종합전문지(專門紙)로서의 사명감 속에 새로운 길을 개척해 왔다고 자부합니다.

우리 신문은 그간 경기도 고양시의 전폭적인 재정 지원과 일산노인복지관의 후원, 그리고 독자 제위의 물심양면에 걸친 도움, 또한 옥고(玉稿)로 성원해주신 외부 필진(筆陣)의 노력 등이 있어 전국 애독자들의 눈과 귀를 더 크고 더 밝게 해드릴 수 있었음에 감사드립니다. 지금까지 우리 신문은 전국의 노인들에게 다양한 읽을거리 제공을 통해 '삶의 지혜를 제공한다'는 목표 아래 다음과 같은 편집 방향을 갖고 노력해왔습니다.

그간 △'사설', '칼럼', '시평', '독자제언', '21세기 노후생활’ 등의 명사 기고 등을 통해 사회개혁에 앞장서는 어른의 역할을 정립하는 데 힘썼으며, △ ‘사회 저명인사 인터뷰’, 봉사하는 ‘멋있는 인생’ 탐방, ‘계로명(戒老銘)’ 등을 통해 삶의 귀감(龜鑑)이 되는 분들을 소개하는 데 기여했다고 봅니다. △ 또한 ‘법률지식’, ‘나만의 건강법’, ‘문화나눔터’, ‘실버상담실’, ‘세계문화여행기’, ‘국보산책’ 등을 통해 다양한 생활정보를 제공하고, △ ‘다시 읽어보는 명작’, ‘음식이야기’, ‘서울이야기’, ‘고사성어’, ‘따따부따수다’, 초등 1·2학년생들의 ‘효행일기’, ‘독자문예’ 등을 통해 종합 교양물로서의 역할을 해왔습니다.

이렇게 다양한 ‘삶의 지혜’를 제공하는 동안 다섯 돌을 맞았습니다. 앞으로도 더욱 알찬 정보를 제공하는 데 노력할 것을 다짐하면서, 독자 제위의 사랑과 이해 속에 다소 미흡했던 점을 개선하고 더욱 새로운 모습으로 태어나고자 다음과 같은 편집 의도(意圖) 아래 더욱 노력하겠습니다.

첫째, 독자가 만들어가는 독자들의 신문이 되겠습니다. 그간 우리 신문은 독자 제위의 사랑 속에 이만큼 성장했다고 감히 자부(自負)합니다. 앞으로는 독자 제위께 더욱 활짝 열린 신문으로 거듭나고자 많은 참여를 기대합니다. 망설이지 마시고 문예, 기사 제보(提報), 주장, 제언(提言), 알리고 싶은 소식, 각종 기사에 대한 고언(苦言), 그림, 글씨, 사진 외에 새로운 편집 방향 제시(提示)의 글 등 많은 기고(寄稿)를 환영합니다. 독자 제위의 애정 어린 참여가 우리 신문 발전의 밑거름이라는 것을 잘 알고 있기 때문입니다.

둘째, 젊은 세대들에게도 호응 받는 신문이 되겠습니다. 우리 신문은 주 독자층이 노인인 것은 분명합니다. 유엔인구기금(UNFPA)이 발표한 '2005 세계인구 현황보고서'에 따르면, 한국인의 평균 수명은 남자 73.8세, 여자 81.2세로 선진국의 평균수명을 초과하고 있습니다. 그러므로 다음 세대에 더욱 길어질 노후생활을 자연스럽고 고귀한 인생과정의 하나로 이해하여 장년기, 아니 청년기부터 치밀한 계획으로 준비해야 안락(安樂)한 노후를 맞을 수 있을 것입니다. 이런 이유로 우리 신문도 독자층을 장년층, 나아가서는 청년층으로 확대시키려는 의도에서 신문 내용도 차츰 젊은 세대들의 호응을 받도록 개선해가고 있습니다. 그래서 창간 이래 전국의 복지관(노인, 사회, 여성, 장애인)은 물론이요, 전국의 사회복지 관련 학과(사회복지, 노인복지, 노인학과)가 개설된 대학, 대학원, 그리고 전국의 도서관, 행정기관 등에 보내서 사회복지에 뜻을 둔 젊은이들에게 읽히는 계기로 삼고 있습니다. 아무쪼록 우리 신문을 노인들뿐 아니라 자녀들을 비롯한 젊은이들도 즐겨 읽게 되기를 바라며, 젊은이들이 편집에도 적극 참여하게 되기를 기대합니다.

앞으로도 우리 신문은 노인들의 보람찬 '삶의 지혜' 제공의 길잡이로서의 그 사명을 다할 것을 다짐합니다. 그간 열악한 조건 속에서도 무보수 자원봉사활동으로 임해준 기자 일동의 노고에 감사하며, 앞으로도 독자 제위의 변함없는 사랑을 기대합니다.

4. 고령자 심리상담 사례*

손자녀 양육과 부자간 갈등

질문_ 저는 아들 부부와 손자손녀들과 함께 살고 있습니다. 전반적으로 생활은 편안하고 좋습니다. 그런데 손자들의 교육문제로 아들 내외와 좋지 않을 때가 있습니다. 손자들을 교육하는 데 있어서 아들 내외가 좀 심한 듯해서 충고를 하면 언짢아하면서 받아들이지 않습니다. 한편으로는 서운하기도 하고, 내가 손자들 교육을 망치는가 하는 생각도 들어서 마음이 편하지 않습니다.

답변_ 자녀들과 함께 사시는 어르신들의 고민거리 중 하나가 손자 양육에 대한 생각이 자녀들과 다르다는 것입니다. 내리사랑이라고 해서 조부모님들은 손자들이 무조건 예쁘고 사랑스

* 〈실버타임스〉 연재자료 중 발췌(김미영 사회복지사 담당).

러우실 겁니다. 우는 모습을 보면 마음이 아프시고, 떼쓰는 모습은 모른 척 넘기기가 어려우십니다. 하지만 부모의 입장은 조부모님들과 달라서 자녀들에게 야박할 때가 많습니다. 교육적 차원에서 울거나 떼를 써도 모른 척하거나, 더 호되게 꾸짖습니다. 버릇을 고치겠다는 생각에서요. 어르신들은 그 모습을 차마 보아 넘길 수가 없어서 자녀들에게 한마디 하실 겁니다. "너무 심하게 다루지 마라. 아직 철모르는 어린애다.", "좀 놀게 놔두어라." 등등. 그러다 보면 자녀들은 부모님 때문에 아이가 버릇없어진다고 원망하기도 하지요. 제 생각은 이렇습니다. 조부모님의 양육법은 '사랑'이고, 부모의 양육법은 '이성'이라고 생각합니다. 물론 어느 것이 옳고 어느 것이 그르다고 할 수는 없습니다. 두 방법 모두 옳다고 생각합니다. 사랑이 없는 양육은 자녀를 메마르고 남을 사랑할 줄 모르는 아이로 성장하게 하고, 이성이 없는 양육은 자녀의 판단을 흐리게 할지 모릅니다. '사랑'과 '이성'이 적절히 조화될 때 훌륭한 양육이라고 할 수 있겠지요. 자칫 현대의 부모들은 자식을 훌륭하게 키우고 싶은 욕심으로 '이성'만을 교육의 도구로 삼는 실수를 하기도 합니다. 이럴 때 할아버지, 할머니의 따뜻한 사랑이 필요한 것입니다. 대가족에서 아버지, 어머니와는 또 다른 정말 속 깊은 할아버지, 할머니의 사랑을 받는 아이들은 정말 행복하다고 생각합니다. 귀댁의 손자손녀 양육에서의 작은 갈등은 조부모는 부모의 '엄한 지도'를 참견하지 말고 부모는 조부모의 '사랑스런 지도'를 보약으로 생각하여, 서로의 양육법이 상보적(相補的) 존재임을 이해하는 지혜가 필요합니다. 어르신도 손자손녀를 사랑하는 방법에 있어서 자신감을 가지시기 바랍니다. 손자손녀들이 사랑이 많은 어른으로 성장해갈 것입니다.

부모의 이성교제 및 재혼

질문_ 저희 아버님께서는 5년 전에 어머니와 사별하시고 이제까지 혼자 지내오셨습니다. 지금 연세는 70세이시고, 그동안 저희 자식들이 많이 부족하긴 해도 나름대로 정성껏 모셔오고 있습니다. 그런데 최근에 아버님께서 많이 외로워하시고, 표현은 안 하시지만 이성친구도 사귀시는 눈치입니다. 아버님의 생각이 어떤지는 잘 모르겠으나, 우리 자식들이 어떻게 대비를 해야 할지 궁금해서 여쭈어봅니다.

답변_ 아직은 유교적 사고가 지배적이어서 젊은 세대처럼 이성교제가 자유스럽지는 않지만, 우리 어르신들도 이제는 이성교제에 대한 사고나 태도가 많이 개방적으로 변화되어가고 있습니다. 배우자와 사별한 뒤에 자식에게 의지하며 외롭게 지내시던 시대는 지나가고, 이성친구를 만나 남은 인생을 서로 의

지하고 서로의 외로움을 위로하며, 자식과는 상관없이 여생을 즐겁게 사시고자 합니다. 이러한 어르신들의 변화에 당황하게 되는 것은 자식들입니다. 한편으로는 돌아가신 부모님에 대한 서운함 같은 것도 느끼실 수 있고, 높은 연세에 새 배우자를 찾고자 하시는 부모님이 부끄러우실 수도 있으며, 기타 경제적인 문제로 자식들은 부모님의 새 출발에 적극 찬성하기가 어려울 수도 있습니다. 그러나 또 한편으로는 부모님의 외로움을 자식들이 모두 채워드릴 수 없기 때문에 반대하기도 어렵습니다.

이런 상황에서 우리 자식들은 어떤 선택이 부모님을 위해서 최선인가를 생각해보아야 합니다. 부모님의 새로운 선택을 반대하는 이유가 체면 또는 경제적인 이유 때문은 아닌지 곰곰이 생각해보아야 할 것입니다. 부모님들은 자식들이 성장하여 부모님의 사랑만으로는 부족할 때가 되면, 짝을 지어 독립시킵니다. 우리 자식들이 해결해드릴 수 없는 부모님의 외로움이 있을 수 있다는 것을 자식들도 이해해야 하지 않을까요? 한 명의 악처가 열 효자보다 낫다는 말도 있습니다. 우리 자식들도 부모님의 희생만을 강요하는 것이 아니라, 부모님도 당신의 인생을 즐기실 수 있다는 것을 인정하고 받아들여야 하지 않을까 생각됩니다.

은퇴 후 부부의 생활

질문_제 남편은 약 10년 전에 은퇴를 하고 집에서 쉬고 있습니다. 그런데 하는 일 없이 집에서 쉬면서 집안일에 잔소리를 하는 남편이 짜증스러워 참기가 어렵습니다. 별것 아닌 일에도 신경이 예민해져서 다투게 되어 자식들 앞에서 민망할 때도 있습니다.

답변_우리의 전통적인 부부 역할은 남자는 밖에서 경제적 역할을 담당하고 여자는 집에서 가정을 돌보는 것입니다. 이런 부부의 역할을 유지하면서 약 40년간 생활하다가 남편이 퇴직을 하면 부부의 생활패턴에 변화가 오게 됩니다. 아침이면 출근해서 저녁에나 얼굴을 볼 수 있던 남편이 하루 종일 집에 함께 있게 되면 처음 얼마간은 부부의 새로운 정을 느끼면서 노후의 행복감을 느끼기도 합니다. 그러나 예전에는 집안일에 간섭을 하지 않던 남편이 집에 머무는 시간이 길어지면서 사소한 집안일에도 간섭을 하게 됩니다. 아내는 당연히 짜증이 나겠지요. 젊어서는 집에 같이 있었으면 하던 남편이 이제는 좀 나갔다 들어왔으면 하는 생각이 들기도 할 것입니다.

저는 부인께서 남편을 조금만 이해하시면 어떨까 생각합니다. 남성들은 사회활동을 왕성하게 하면서 한 가정을 이끌어가는 젊은 시절에는 모든 일에 자신감이 있습니다. 그래서 집안

일은 아내에게 맡기고(사실은 시간도 없었지만…) 바깥일에만 몰두할 수 있었습니다. 그러다 은퇴를 하고 나면 갑자기 모든 것이 허망해지고, 가정 안에서도 역할이 없는 것으로 느낄 수 있습니다. 그래서 자신의 권위를 확인하고 역할을 찾고 싶어서 전과는 다르게 모든 집안일에 관심을 갖게 되는 것입니다.

부인께서 남편의 입장을 이해하시고 집안일에의 동참을 권유하시면서 부부가 함께 할 수 있는 일거리를 찾아보는 것도 도움이 되리라 생각합니다. 젊은 시절에는 바빠서 같이 못하시던 운동이나 취미생활도 함께 즐기시고, 여행도 함께 다니시면 좋겠지요. 또 남편의 능력을 지역사회에 환원할 수 있도록 자원봉사활동에의 참여도 권해보세요. 그러면 젊은 시절과는 또 다른 보람을 느끼시면서 노후를 건강하고 즐겁게 지내실 수 있을 것입니다.

간섭 심한 시어머니와의 갈등

질문_시어머니께서 너무 간섭이 심하신 것 같아 고민입니다. 신혼시절에는 제가 모든 것이 서툴러서 그렇다고 생각했는데, 10년 정도 살아온 지금은 저도 제 나름대로 살림을 꾸려나갈 수 있다고 생각합니다. 그런데도 아직 어머니는 모든 집안일에 일일이 간섭을 하시고, 어머니 생각만을 고집하십니다. 저는 대체로 어머니 뜻에 맞추고자 노력하지만, 때로는 반발심이 생겨 마음이 편하지 않습니다.

답변_ 세대차이라는 말이 생각납니다. 이 말은 우리가 무척 흔하게 사용하고, 웃으면서 쓰는 말이기도 하지만, 가정과 직장, 사회생활을 힘들게 하는 하나의 원인이기도 합니다. 이 세대차이가 고부 갈등을 일으키기도 합니다. 세대차이는 나의 윗세대와 나의 차이일 뿐이라고 생각하기 쉽지만, 나와 나의 다음 세대와의 차이를 의미하기도 합니다. 즉, 나는 누군가에게는 신세대일지 모르나, 누군가에게는 구세대이기도 한 것입니다. 10년 이상 한 가정의 살림을 이끌어오고 있는 주부가 아직도 이래라 저래라 간섭받는 것은 어쩌면 짜증나고 자존심 상하는 일일지 모릅니다. 그러나 며느님께서 조금 양보하시고 어머님을 이해해드리면 어떨까 합니다. 우리는 어른이지만, 부모님에게는 아직도 마음이 안 놓이는 자식일 뿐이지요. 어머님께서는 아마 며느님께 하시는 말씀을 잔소리 또는 간섭이라고 생각하지 못하실 것입니다. 그저 자식이 걱정돼서, 잘하라고 하시는 말씀인 거지요. 며느님도 '또 잔소리… 아유, 귀찮아'라고만 생각하지 마시고, 자식을 향한 부모의 관심과 사랑이라고 이해하시면 너무 힘이 들까요?

한편, 요즘은 시대가 많이 변해서 참는 것만이 능사는 아닙니다. 정말 힘이 들고, 어머니께서 지나치시다 싶을 때는 며느님의 입장과 마음을 조용히 전달하시는 것도 중요합니다. 그렇게 대화를 나누다 보면 서로의 입장을 이해하게 되고, 스스로의 태도도 돌아보게 될 것입니다. 부디 아름다운 고부관계를 이루시고 행복하시기 바랍니다.

출가한 자녀와의 갈등

질문_ 저는 딸 하나와 아들 하나를 두었습니다. 아들은 조금 멀리 살지만, 딸은 이웃에 살아서 자주 만나고, 얘기도 많이 합니다. 그러다 보니 반찬이나 김치 등도 많이 만들어주는데, 딸이 때로는 너무나 무심하게 거절할 때가 있습니다. 그럴 때는 너무 속상하고, 괘씸하다는 생각이 듭니다. 남편은 이해하라고 하지만, 정말 속상합니다. 제가 잘못된 것일까요?

답변_ 요즘 젊은이들은 입고 먹는 것에 대한 고마움을 잘 모릅니다. (아직도 하루 3번 식사 해결이 어려운 사람들이 많지만.) 그저 당연히 주어지는 것이라 생각하지요. 아마도 따님께서도 어머니가 늘 가까이서 챙겨주시니까 그저 무심한 마음이겠지요. 우리가 공기가 없으면 1초도 살 수 없으면서도 그 고마움을 생생히 느끼지 못하듯이, 따님에게 어머니의 사랑은 그저 공기

같은 것일 겁니다. 저는 어르신의 편지를 읽으면서 '효'란 과연 무엇일까 생각해보게 되었습니다. 효의 실천 내용에도 여러 가지가 있겠지만, 부모님을 기쁘게 해드리는 것도 중요한 효의 실천이라고 생각합니다. 자식이 사회나 어떤 일에 공헌을 해서 부모님을 기쁘게 해드릴 수도 있지만, 부모님께서 자식을 위해 준비하신 음식을 맛있게 먹고, 설사 옷이 마음에 들지 않더라도 기쁘게 입는 것도 부모님을 기쁘게 해드리는 일이라 생각합니다.

그리고 어르신께서도 독립한 자식을 아직도 품안의 자식 다루듯이 하지는 않으셨으면 합니다. 물론 부모님께는 환갑이 다 된 자식도 돌 지난 자식처럼 마음이 놓이지 않고, 하나라도 더 챙겨주고자 하는 마음이 간절하실 줄 압니다. 그러나 부모로부터 독립한 자식은 그들대로의 생활이 있을 것입니다. 동료들이나 친구들과 식사 약속을 잡았는데 갑자기 부모님께서 오라 하시면 곤란해질 수 있습니다. 물론 만사를 제치고 부모님을 찾아뵈면 좋겠지만, 사회생활을 하다 보면 그러기 힘들 때도 있기 때문입니다. 사회에서 한 몫을 단단히 하면서 한 가정을 화목하게 이끌어가는 가장 또는 주부로서의 자식을 인정하시고, 자식의 정서적 독립을 인정하셨으면 합니다. 자식의 무심함에 너무 서운해 마시고, 어르신의 노후를 마음껏 즐기시기 바랍니다.

5. 대학원 생활의 회고 : 1기 수료생 논문

1) 사명대사와 조선통신사의 길 따라
   : 사명대사의 애국 숨결 되새겨

김 의 석*

　임진왜란 후 전후 처리와 국교 회복 협상을 위한 사명대사 (四冥大師) 도일 400주년을 기념하기 위하여 일본 오카야마(岡山)시에서 '사명대사와 도쿠가와(德川)시대의 조선통신사'라는 주제로 한일 양국의 학자 및 전문가들이 대거 참여하는 국제심포지엄이 개최됐다.

　경기도 고양시 일산노인종합복지관 부설 호수문화대학교에서는 정윤무 총장과 최성권 대학원 대표 및 본인이 도일(渡日)

* 일산노인종합복지관 운영위원장. 1기 수료생.

대표단으로 참여하여 우리 선조들의 발자취를 좇아볼 수 있는 기회를 가졌다.

사명대사는 임진왜란 때 의승병(義僧兵) 대장으로 서울 부근의 각 전투에서 눈부신 활약을 하여 평양성 탈환 등 큰 승리를 거두었고, 왜장 가토기요마사(加藤淸正)의 진중을 직접 방문하여 강화(講和) 담판을 하기도 했다. 그때 그는 의승병 대장이라는 신분을 숨기고 스스로를 송운대사(松雲大師)라 칭했기에 일본에서는 사명대사를 송운대사라 칭하고 있다.

서기 1604년, 조정의 명을 받은 사명대사는 쓰시마섬(對馬島)을 거쳐 일본 교토(京都)에 들어가 1605년 교토 후시미(伏見)성에서 일본의 도쿠가와이에야스(德川家康)와 전후 처리 문제를 논하고 강화회담(講和會談)을 하여 국교 회복과 조선인 포로 송환, 통신사 파견 등의 길을 열었으며 포로로 잡혀간 조선인 3천 명을 본국으로 귀환토록 했다. 그 후 도쿠가와시대 260년간 12회에 걸친 통신사 파견으로 양국 간의 친선과 문화 교류를 통한 선린우호 관계를 유지하는 데 이바지하는 등 나라와 민족을 위하여 우국진충(憂國盡忠)한 우리 민족의 위대한 영웅이다.

우리 도일 대표단 일행은 일본 요나코(米子) 국제공항에 도착한 후 고지마(兒島) 관광항으로 이동하여 조선통신사의 뱃길을 재현하는 '한일 우호의 배'에 승선했다. 이 배에는 이번 국제심포지엄에 참가하는 우리 대표단 일행과 일본 측 유지 등 1백여 명이 승선하여 약 3시간 동안 조선 통신사가 왕래했다는 세도나이가이(瀨戶內海)를 항해하여 시모즈이(下津井) 히비 (日比) 우시마도(牛窓)를 거쳐 오카야마항에 도착했다.

곧바로 오카야마 시내에 있는 로열호텔 환영 리셉션장으로 이동했다. 리셉션장에서는 약 3백여 명의 많은 참석자들이 우리 일행을 뜨겁게 맞이해주었다. 리셉션에는 주 일본 한국 특명 전권대사 나종일 씨를 비롯하여 일본 외무성 부대신, 오카야마현 지사 등이 참석하여 비중 있는 국제심포지엄임을 실감케 해주었다. 회의는 주최 측의 인사말과 내빈 축사로 시작되었고, 많은 한일 학자들의 뜨거운 주제 발표와 토론이 진행되었다.

우리 일행은 노인복지시설인 사회복지법인 보은적선회(報恩積善會) 양호노인홈(養護老人home)을 방문할 수 있었다. 이 시설은 무의탁 노인들을 수용·양호하고 있는데, 최고령 101세의 노인을 비롯하여 약 70여 명의 노인들이 생활하고 있었다. 시설 내부는 무척 깨끗하고 잘 정돈되어 있었으며, 양호방에는 낮은 침대가 있어서 생활하기에 무척 편리하게 되어 있었다. 의료보호시설도 잘 갖추고 있었으며, 사망 후에 제사를 지낼 수 있는 법당도 마련되어 있었다. 우리도 생활이 어려운 노인들을 돌보기 위한 시설을 많이 마련해야겠다고 생각했다.

다음으로는 효고현(兵庫縣)의 히메지성(姬路城)에 가서 높이 46m의 덴슈가꾸(天守閣) 7층까지 올라가보았다. 히메지성은 일본의 국보 중 하나이자 세계문화유산으로 지정된 아름다운 성이다. 히메지성을 뒤로 하고 사명대사의 유적지인 교토(京都)로 출발했다.

다음 날, 사명대사와 도쿠가와이에야스가 담판을 했다는 후시미성(伏見城)을 방문하여 새삼 사명대사의 고귀한 정신과 애국하는 마음에 감사를 드렸다. 그리고 사명대사가 도쿠가와이에야스를 만나기 위해 3개월간 머물렀다는 본법사(本法寺)를 찾았다. 사명대사가 그곳에 머물면서 많은 사람들에게 시와 가르침을 주었다는 이야기를 들을 수 있었다. 사명대사의 유묵(遺墨)이 남아 있다는 홍성사(興聖寺)와 상국사(相國寺)도 찾아가 유품을 직접 확인하고 볼 수 있었다.

다음으로는 이총(耳塚)을 찾았다. 그곳은 도요토미히데요시(豊臣秀吉)가 임진왜란 당시 전과를 과시하기 위해 수많은 조선인의 귀와 코를 베고 진주성(晉州城)에서 포로로 잡혀온 조선인 장수 13인을 교토(京都) 시내 거리를 행보하게 한 후 참수하여 그 수급을 같이 묻은 곳이다. 이국땅에 잠들어 있는 선조들의 원혼(怨魂)을 추모하기 위한 묵념을 올리면서는 간장을 찢는 듯한 슬픔과 초라한 무덤 모습에 숙연해지면서 울분을 금할 길이 없었다.

이어서 사명대사가 일본의 도쿠가와이에야스와 강화담판을 위해서 일본에 체류하는 동안 즐겨 찾아 명상을 하고 시를 읊었다는 죽림원(竹林園)을 찾았다. 아름답고 조용한 그곳에 앉아 맛짜(沫茶)를 들면서 사명대사를 머리에 그려보았다. 자리를 나가하마(長浜)로 이동한 후에는 일본에서 제일 큰 호수라는 비와꼬(琵琶湖)의 야경을 바라보면서 온천욕을 하며 피로를 풀었다.

　마지막 날에는 우리 백제인들이 세웠다는 백제사를 찾았다. 우거진 숲 속에 자리 잡은 아늑하고 심오한 사찰에서 선조들의 숨결이 느껴지는 듯했다. 또한 우리 선조들의 발자취가 남아 있는 석탑사(石塔寺)를 거쳐 일본 국보로 지정되어 있다는 해신(海神) 장보고(張保皐)의 영정을 모신 미쓰이지(三井寺)를 방문하고, 조선 통신사가 걸어다녔다는 조선인가도(朝鮮人街道)를 거쳐 오사카(大坂)국제공항으로 이동했다.

　이번 여행을 통해서, 사명대사의 애국정신과 한일 간의 역사적 교훈을 되살려 앞으로 한일 두 나라가 미래지향적 친선협력관계를 증진하여 세계평화에 공헌할 수 있었으면 하는 바람을 갖게 되었다.

2) 문화가 산책(文化街 散策)

김 용 희*

2004年 6月 22日

國立現代美術館을 다녀와서.

和暢한 日氣 덕분인지 出發點부터 氣分이 매우 상쾌했다.

果川國立現代美術館!!

果川의 조용한 숲 속에 現代式으로 지은 建物이 우선 마음에
들었다.

들어가는 入口부터 무엇인가 다르다는 느낌이 왔다.

野外 조각장, 대형 Robot, 等等. 예전의 미술관들과는 비교도
안 되는 규모에 놀라지 않을 수 없었다.

A. 一層 圓形 展示室 중앙 Hall에서 진행되고 있던 Video
   Art의 선구자 백남준 씨를 포함한 韓國 現代 美術의 主要
   作家들과 世界 有名 作家들의 作品 展示가 눈을 황홀하게
   했다.

---

* 1기 수료생.

B. 一般的으로 生覺하는 美術的 材料가 아닌 혼히 볼 수 있는 일상의 事物들을 독특한 藝術的 對象物로 변형시킨 作家들의 놀라운 作品 世界가 다시 한 번 나를 놀라게 했다.

ⓐ 면장갑 數千 개를 이렇게 저렇게 붙여서 屛風을 만들어 展示한 것

ⓑ 국수를 利用해서 One Room을 꾸민 것이 異色的이었다. 그 기발한 藝術性은 아무나 가질 수 있는 것이 아니라고 새삼 느꼈고, 感歎詞가 절로 나왔다.

ⓒ 우리들의 젊은 時節, 나라살림도 어려웠던 그 時節, 아파트나 땅을 사서 財테크 할 줄 몰랐던 그 時節, 우리 家庭主婦들의 작은 幸福! 김장을 해서 앞마당에 묻어놓고 煙炭광에 煙炭 1,000장만 쌓아놓으면 아무 근심걱정 없던 幸福한 主婦! 그 시절을 다시 한 번 환기시켜주는 煙炭!! 두고두고 기억에 남을 것 같다.

C. 만화의 세계!

만화는 여러 가지 意味에서 徹頭徹尾한 communication이다.

平素 時事 漫畵 같은 것을 좋아하는데, 時間에 쫓기다 보니 작은 글씨로 된 만화를 일일이 읽어보지 못한 것이 아쉬웠다.

D. 기증 作家 特別展(3層 第6展示室)

잊혀진 질곡의 流民史(申順南의 鎭魂曲)

申順南의 作品 中 受難과 苦痛의 流民史에 對한 슬픔과 哀悼, 祈願의 모습을 담은 〈哀悼〉, 〈어머니의 슬픔〉은 무겁고 어두운 色彩로 表現된 배경과 人物을 通해 잊혀진 流民史의 悲劇을 表現하고 있다.

申順南은 또한 이러한 苦痛과 애환의 流民史 속에서도 民族의 뿌리를 잊지 않은 流民들의 希望과 기쁨을 묘사한다. 부채춤과 장밋빛 눈은 밝고 華麗한 色彩를 通해 流民 生活의 기쁜 한때를 묘사한 作品들이다.

마지막으로 〈검은 太陽에 對한 韓國의 노래〉, 〈나와 신부〉 등의 作品은 러시아 絶對主義와 칸딘스키 회화의 영향이 나타난 作品들로, 抽象的으로 單純化된 이미지를 보여준다.

이번 展示는 桎梏의 歷史 속에서 잊혀진 流民의 삶과 이들의 犧牲에 대한 哀悼를 通해 絶對로 잊지 말아야 할 苦痛의 歷史를 想起시키며 現在 우리의 삶이 수많은 先祖들의 苦痛과 犧牲속에서 이루어진 것임을 깨닫는 機會를 提供할 것이다. (〈잊혀진 질곡의 流民史〉 팸플릿에서 引用)

E. 美術에 素質이 없는 本人은 그래도 보는 것은 좋아한다.
젊었을 때부터 雲甫 金基昶 畵伯을 第一 좋아했다.

2000年 7月 그분의 마지막 전시회였던 '바보 藝術 88 雲甫 金基昶 米壽 記念 特別展'을 놓치지 않고 관람할 수 있었다.

갤러리 現代(鐘路區 사간동 소재)와 朝鮮日報 美術館. 두 군데로 나누어 展示會가 열렸었다. 三伏 더위 속에서도 이쪽저쪽을 뛰어다니며 그분의 마지막 作品展을 볼 수 있었던 것은 至今 생각해도 幸運이었다고 生覺된다.

雲甫의 藝術世界를 初期부터 現代까지의 傑作 88점으로 集約하여 展示한 그분의 마지막 展示會였다. 한 作品 한 作品 철저히 吟味하면서 보았기 때문에 아직도 머릿속에 刻印된 작품들이 여러 점 있다.

그 作品 中 하나인 〈群馬圖〉를 보는 瞬間!

내 발이 땅에 붙어 떨어지지 않는 느낌이었다. 다시는 못 볼 줄 알았던 그분의 傑作 〈群馬圖〉를 다시 한 번 그곳에서 볼 수 있던 것 하나만으로도 이번 학기 文化街 散策은 나에게 아주 意味있고 洽足한 하루였다.

그 옆에 展示된 고암 李應魯 畵伯의 作品 等을 보면서 다시 한 번 '人生은 짧고 藝術은 길다'라는 名言을 새삼 느낄 수 있던 날이었다.

아쉬움이 있었다면 관람時間이 1時間 20分으로 너무 짧았다는 점이다.

그 많은 作品 하나하나를 다 보지는 못해도 마음에 와 닿는 作品을 한 점 한 점 吟味하려면 3, 4時間 程度는 주었어야 하지 않을까?

如何間 이번 學期 '테마 旅行'과 '文化街 散策'을 通해서 우리들의 눈높이가 많이 높아진 것을 自認하면서 大學院 측에 다시 한 번 眞心으로 感謝의 말씀을 드린다.

다음 學期 더 좋은 선택을 期待한다.

3) 대학원 졸업 여행을 마치고

이 순 자*

  여행이란 언제나 즐거운 것이지만 졸업이라는 글자가 앞에 있어 더 의미가 있었다.

  조 부장님의 주의사항을 들은 후 유 복지사도 함께 어둠을 헤치고 나와 6시 40분경 출발하여 12시 40분경 거제도 주도라항에 도착했다.

  모두가 일찍 일어난 탓에 시장하여 점심을 맛있게 먹고 2시 30분경 유람선에 올라 해금강 외도로 향했다. 다행히 파도가 잔잔하여 해금강 십자동굴까지 자세히 관람할 수 있어 감사했다. 그러고 나서 외도로 이동했다. 외도는 어느 부부가 작은 무인도를 아름다운 섬으로 가꾸어놓은 곳이다. 그들의 노력 덕분에 수많은 사람들이 그 아름다움을 즐길 수 있음에 새삼 감탄했고, 감사했다.

  그곳에서 기념촬영도 했고, 넓은 바다를 바라보며 가슴을 활짝 열고 동심으로 돌아가기도 했다. 4시경 다시 배에 올라 주도라항으로 돌아와 부곡온천으로 향했다.

---

* 1기 수료생.

가을 해가 왜 그리 짧은지, 사방에 어둠이 깔리기 시작했다. 갈 길은 아직도 먼데…. 가는 도중 이순신 장군의 옥포 전적지에 들러 유품들을 관람했는데, 시간이 모자라 대충 볼 수밖에 없어 아쉬웠다. 날이 저물어 어두워졌고, 부곡 가는 길은 너무 지루하여 짜증이 났다. 드디어 8시 10분경 부곡에 도착했다. 시장한 배를 채우고 모두들 잠을 청했다.

10일 아침에는 모두 일찍 일어나 온천수에서 피로를 풀고 경주로 향했다. 경주로 향하는 길에 국난이 일어날 때마다 땀을 흘린다는 유명한 표충비를 관람했고, 얼음골이 있는 가지산으로 향했다. 그날은 날씨가 너무 좋아 모두가 기분이 상쾌하여 더욱 즐거웠다.

가는 도중에 보니, 여름의 풍파를 견디고 아름답게 결실을 맺어 출하되기를 기다리는 사과들이 작은 나무에 탐스럽게 열려 장관을 이루고 있었다. 모두들 자기도 모르게 "야아…!" 하고 환성을 질렀다. 꼬불꼬불한 산길을 지나 도착한 웅장한 가지산의 늦가을 단풍 또한 절경이었다.

11시경 경주에 도착하여 김유신 장군 묘를 멀리 바라보며 무열왕릉으로 갔는데, 김갑주 교수님이 오셔서 정말 고맙고 반가웠다. 모두들 반갑게 인사를 나누고 첨성대로 이동했다. 반월성도 멀리서 관람하고 식사 후에는 석굴암으로 향했다. 옛 조상님들은 이 높은 산에 어떻게 이런 석굴암을 세웠을까? 신기

했다. 석굴암 가는 길은 전국에서 수학여행을 온 초중학생들이 재잘거리며 길을 매우고 있었다. 저 아이들이 장차 자라나 우리의 뒤를 이어 이 나라의 주인이 될 것이라는 생각에 모두가 하나같이 예쁘고 사랑스러워 보였다.

다시 불국사에 도착하니 총장님이 오셔서 감사하고 반가웠다. 건강도 좋지 않으신데···. 불국사에서는 다보탑과 석가탑을 보면서 아사달과 아사녀의 가슴 아픈 사연들이 떠올랐다.

기념촬영을 하고 숙소로 향했다. 저녁식사를 마치고 저녁에 총장님의 배려로 호텔에 있는 맥주홀까지 갔다. 그곳에서 파티가 열려 생음악을 배경으로 TV에서만 보던 생맥주잔을 들고 건배를 하며 합석해주신 교수님들과 함께 즐거운 시간을 보냈다. 시간 가는 줄 몰랐던 아름다운 추억의 밤이었다.

다음 날인 11일 아침 6시 50분에 다시 길을 떠났다. 동해를 바라보며 달린 차는 9시 15분에 백암온천에 도착했다. 맑은 온천수에 지친 피로를 천천히 풀 수 있어 행복했다. 식사 후 백암 뒷산 구주령을 넘었다. 구주령이라는 이름은 용이 아홉 개의 구슬을 품은 듯하여 붙은 이름이라고 한다. 길은 좁고 높았으나 정상에 오르니 기암절벽에 모두들 환성을 터뜨렸다. 기념촬영을 하고 다시 길을 떠나 영양, 안동을 거쳐 중앙고속도로를 달렸다. 차창에 내리는 비를 뒤로 보내며 7시 20분경 복지관에 도착했다.

정말 아름다운 추억으로 남을 즐거운 여행이었다.

이번 여행을 위해 애써주고 도와주신 총장님을 비롯한 여러 분께 감사드린다.

4) 대학원을 마치며

임 상 화[*]

　새천년이 돌아온다고 함성을 지르던 것이 엊그제 같은데, 어느새 6년이 지나 창 밖에는 앙상한 나뭇가지만 바람에 흔들리는 2006년 새해가 시작되었습니다.

　새천년(2000년)에 개관한 일산노인종합복지관 부설 호수문화대학교에 입학하여 3년 과정을 수료하고, 이어서 대학원에서 2년 6개월을 공부하는 등 총 5년 6개월 만에 대학원 생활까지 모두 마치게 되니 감개무량하고 아쉽습니다.

　3년 전에 호수문화대학교를 졸업하고 무의미하게 시간을 보내고 있었는데, 6개월 후 복지관에서 대학원을 설립·운영하게 되어 저희 졸업생들이 여가를 보람되게 보낼 수 있었습니다. 정말 행운이었고, 감사한 일입니다.

　저희 같은 노령에 어떻게 대학 교수님들의 귀한 강의를 들을 수 있겠습니까? 강의하시는 교수님들께서는 저희들을 지도하시느라 수고가 많으셨을 줄 믿습니다.

　짧은 시간이었지만 우리나라는 물론 일본, 중국, 구미 여러

---

[*] 1기 수료생.

나라의 경제, 생활문화, 역사, 고전 등에 대해 배울 수 있어서 정말 좋았습니다. 특히 경제는 기억이 생생합니다. TV에서 '유비쿼터스' 라는 용어를 많이 사용하는데, 강의를 듣고 그 뜻을 이해하게 되어 손자, 손녀에게도 자랑을 했지요.

특히 노후생활과 고령화 사회에 대한 총장님의 강의는 저희들의 당면문제이므로 각별히 감명 깊었습니다.

1. 웃으며 인사합시다.

2. 움직이며 변합시다.

3. 글쓰기로 치매를 방지합시다.

4. 즐겁게 여행합시다.

5. 자립하여 제2의 인생을 즐깁시다.

6. 나이 들수록 멋을 부립시다.

등등. 총장님의 여러 가지 가르침을 열심히 실천하려고 노력하고 있습니다.

그리고 건강에 대한 특강은 노년기를 보내고 있는 저희들에게 많은 도움이 되었으며, 매주 화요일의 율동시간에는 운동을 할 수 있어서 좋았습니다.

지난 학기부터 율동시간을 줄이고 가요시간을 격주로 넣어주셔서 노래를 좋아하는 분들은 환영하셨지만, 노래와 율동을 격주로 하게 되니 연결이 잘 안 되어 참석률이 줄어들었습니다. 좋은 선생님들을 모시면서 참여율이 저조하면 저희들은 민망하고 선생님들은 기분이 좋지 않으실 겁니다. 가능하면 다음 학기에는 한 시간을 더 할애하셔서 후배들은 매주 1회씩 노래와 율동을 할 수 있도록 건의합니다.

노후생활 시간에 추천해주신 《나이를 거꾸로 먹는 건강법》은 두 번이나 읽었습니다. 그 책은 '무엇이든 서두르지 말고, 나이 먹었다고 실망하지 말고, 나는 언제든 할 수 있다는 희망을 가지며, 모든 병은 의술보다는 마음과 정신으로 고칠 수 있다'는 생각을 깨닫게 해주었습니다. 그런 가르침을 토대로 여생을 살면 건강하게 노후생활을 마칠 수 있을 거라는 생각이 듭니다.

막상 대학원 수료 일자가 가까워오니 너무 허무하고 허탈감마저 드는군요.

그동안 덕분에 즐겁게 여가를 보낼 수 있었습니다. 학생들의 나이 차와 학력 차 등 여러 어려움 가운데에 학생들을 지도하시느라 총장님 이하 전 직원 여러분 정말 수고 많으셨습니다.

대학원 설립을 위해 수고하시고 적은 예산으로 운영하시느라 불철주야 봉사하신 총장님께 다시 한 번 깊은 경의를 표하며, 끝으로 복지문화대학원의 무궁한 발전을 기원합니다.

5) 老人療養院을 다녀와서…

차 병 철*

지난 5月 3日 福祉文化大學院生 40여 명은 文化散策 旅行으로 경기도 안성시 죽산면 장능리에 위치한, 社會福祉法人 연꽃마을에서 建立·運營 중인 老人專門療養施設 '甘露堂'과 '報恩堂' 견학차 아침 9시 30분에 福祉館을 출발했다.

가는 도중 12시가 되어 점심식사를 했고, 12시 30분에 目的地인 甘露堂에 도착하여 연꽃마을 이사장님의 極盡한 歡待 속에 일행 모두 본당에 좌정했다.

一山老人福祉館을 出發하면서 머릿속에 그렸던 老人療養院은 거동이 不便하고 自我意識이 없는 黃昏의 人生들의 集團收容所로서 어두컴컴하고 惡臭 풍기는 곳이었다. 그래서 내키지 않는 마음이 있었으나, 어찌됐든 學習의 연장이고 테마여행이라니 見學이나 하자고 별 생각 없이 가벼운 先入感으로 參加했었다.

그러나 막상 甘露堂 本院에 들어서는 순간 나는 感歎을 금할 수가 없었다. 莊嚴한 雰圍氣, 施設, 無臭한 室內의 管理와 整頓

---

* 1기 수료생.

狀態 등은 내가 지녔던 先入感을 무너뜨렸고, 이런 곳이라면 後見人들이 마음 놓고 치매와 중풍에 걸린 父母를 마음 놓고 委託할 수 있겠구나 하는 安堵感 같은 것이 나의 그릇된 생각을 바꿔놓았다. 나만 그렇게 생각한 것은 아니었을 것이다.

이어서 理事長님이 人事말씀을 하셨고, 療養院 建立 初期에는 주변 住民들의 요양원 建立反對示威와 妨害 등으로 挫折一步 前까지 가는 어려움을 겪었으나, 이에 屈하지 않고 住民들을 說得, 또 說得하며 萬難을 헤치고 正, 義, 善을 위한 一念으로 邁進한 결과 이제는 오히려 住民들의 協力과 好意, 呼應이 날로 더해가고 있다는 등 그동안 어려웠던 일과 앞으로의 불가피한 擴張計劃도 말씀하셨다. 이러한 理事長님의 말씀에 滿堂한 一行들은 숨소리 없이 傾聽하면서 나름대로 생각했을 것이다.

그리고 누구에게나 오는 生, 老, 病, 死에 관한 말씀도 인상적이었다. 釋迦王子께서 出家를 決行하실 때 父王께서 적극 만류했으나 王子인 釋迦는 '인간의 生(어디에서 왔으며), 老(왜 늙는지), 病(왜 병이 나서), 死(왜 죽는지)'에 대해 父王에게 解答을 구했다. 그러나 父王이라고 해서 人生의 오묘한 天理를 알 수 있겠는가. 王이 對答을 못하니 "그럼 나는 出家하여 衆生을 위해 살아가겠습니다." 하고 出家를 決行하니 父王도 아무 말 못하고 말았다는 고사를 말씀해주셨다. 一同은 肅然해지면서 과연 人生은 무엇인가에 대한 생각에 잠겼다.

과연 이 世上에서 그 누가 "人生이란 이것이다."라고 딱 짚어서 斷言할 수 있겠는가? 실로 永遠한 宿題가 아닐까?

'甘露堂'과 '報恩堂'의 치매 및 중풍 老人들은 깨끗한 患者服을 입고 평화롭게 生活하고 있었다. 그곳 福祉士와 職員들의 奉仕精神을 바탕으로 한 철저한 環境管理와 아낌없는 保護의 손길은 우리 일동을 平安한 心情으로 돌아서게 했다.

理事長님을 비롯한 職員 여러분의 勞苦에 感謝하면서 모두의 앞날에 健勝과 幸運을 祈願하며 가벼운 마음으로 돌아왔다. 이 世上 萬物之中에 唯人이 最貴하다는 先人들의 말씀을 되새기면서….

참고문헌

1. 日野原重明, 生きかた上手, ユーリーグ, 2001.

2. 日野原重明, 續 生きかた上手, ユーリーグ, 2002.

3. 日野原重明, 生きかた上手「對話篇」, ユーリーグ, 2002.

4. 日野原重明, 聽く生きかた上手, ユーリーグ, 2002.

5. 日野原重明, 六十歳は二度日の成人式, ごま書房, 1994.

6. 日野原重明, 人生百年 私の工夫, 幻冬舍, 2002.

7. 日野原重明, 生きかたの可能性, 河出書房, 2002.

8. 日野原重明, いのち 生きる, 光文社, 2002.

9. 日野原重明, 27歳の決意 92歳の情熱, 中央法規, 2003.

10. 日野原重明, 生きるのが樂しくなる15の習慣, 講談社, 2002.

11. 日野原重明, 豊かに老いを生きる, 春秋社, 2002.

12. 日野原重明, 100歳になるための100の方法, 文藝春秋, 2004.

13. 日野原重明, あるがまま行く, 朝日新聞, 2005.

14. 日野原重明, 生活習慣病を防ぐ本, 幻冬舍, 2002.

15. 日野原重明, テンダー・ラブ, ユーリーグ, 2004.

16. 日野原重明, 新 生きかた上手, ユーリーグ, 2005.

17. 日野原重明, 私の幸福論, 大和書房, 2005.

18. 多湖輝, なぜか人生がうまくいく人の理由, 新講社, 2002.

19. 多湖輝, まず動く, 高木書房, 1994.

20. 多湖輝, 60歳からの生き方, ごま書房, 1991.

21. 多湖輝, 人生計劃の立て方, ごま書房, 1994.

22. 多湖輝, 六十歳の決斷, ごま書房, 1994.

23. 一番ヶ瀬康子, 河島修 編, 實踐 福祉文化シリーズ, 第一卷, 高齢者と福祉文化, 明石書店, 2002.

24. 一番ヶ瀬康子, 河島修 編, 實踐 福祉文化シリーズ, 第四卷, 地域社會と福祉文化, 明石書店, 2002.

25. 一番ヶ瀬康子, 河島修 編, 實踐 福祉文化シリーズ, 第五卷, 餘暇と遊びの福祉文化, 明石書店, 2002.

26. 坪田一男, 不老の方法, 宝島社, 2001.

27. 吉川敏一, 不老革命, 朝日新聞社, 2005.

28. 本明寬, 人生の愉みは後半にあり, PHP, 1996.

29. 三神美和, 九十八歳いきいき生きる知慧, 海童社, 2002.

30. 宮內博, 老いの選擇, 海童社, 2001.

31. 七田眞, 老いの技術, 日本實業, 2003.

32. 松原哲明, 人生ゆっくり生きてみなさい, 大和出版, 2002.

33. 平安良雄, うつを治す本, 2004.

34. 稲盛和夫, 生き方, サソマーク, 2004.

35. 大島清, 歩く人はなぜ脳年齢が若いか, 新講社, 2005.

36. 大島清, 不老にきくクスリ, 三笠書房, 2004.

37. 産經新聞 生命 取材班, 100歳時代がやつてくる, 扶桑社, 2004.

38. 早川一光, 人生は老いて からが樂しい, 洋泉社, 2003.

39. 邱永漢, 年のとり方い考えてますか, グラフ社, 2003.

40. 松木康夫, 余生堂堂, 祥伝社, 2004.

41. N.H.K. 老化に挑む, 延びる壽命, よみがえる脳, N.H.K.出版, 2005.

42. 大島清, 快老學, 麗澤大學出版會, 2004.

43. 水野肇, 老いかた上手, 主婦の友社, 2004.

44. 井上勝也, 大川一郎, 高齢者の「こころ」事典, 中央法規出版, 2000.

45. 近藤裕, 定年後10年若く生きる本, 三笠書房, 2003.

46. 柴田博, 老人は自立している, ビジネス社, 2002.

47. 鈴木康央, いい老人 悪い老人, 毎日新聞社, 2004.

48. 和田秀樹, 不老の方程式, 文藝春秋, 2005.

49. 鈴木健二外, 定年前後の樂みの見つけ方, ほんとうの 時代 編輯部, 1999.

50. 大前研一, 50代からの選擇, 集英社, 2004.

51. 中村仁一, 老いと死から逃げない生き方, 講談社, 1994.

52. 東淸和, エイジングの心理學, 早稻田大學出版, 1999.

53. 加藤博史外 6人, 高齡者福祉總論, 晃洋書房, 2003.

54. 井上勝也 監修, 高齡者の心理がわかる, 中央法規出版, 2005.

55. 文藝春秋, 大養生, 2004. 7.

56. 文藝春秋, 長壽と健康, 2002. 12.

57. 文藝春秋, 二人で旅を, 2003. 7.

58. 文藝春秋, 生きる知慧生きる力, 2004. 12.

59. 文藝春秋, 新幸福論, 2002. 9.

60. 大友信勝, 高齡者の生活と福祉, 中央法規, 1999.

61. 大前嚴, 健康長壽の秘訣, 近代文藝社, 1999.

62. 下重晚子, 不良老人のすすめ, 大和出版, 2000.

63. 長壽社會開發センタ, 生きがい硏究, 第7号, 第8号, 2002.

64. N.H.K. 社會福祉セミナ, 日本放送協會, 2004.

65. 進藤貴子, 高齡者の心理, 一橋出版, 2004.

66. 윤성호 외 4인, 노인복지론, 아시아미디어리서치, 2002.

67. 고선윤 역, 나이를 거꾸로 먹는 건강법, 서울문화사, 2003.